101 SACHEN MACHEN

ALLES, WAS MAN

IN KARLSRUHE UND UMGEBUNG

ERLEBT HABEN MUSS

Für Jeannette

VOLKER KNOPF

101 SACHEN MACHEN

ALLES, WAS MAN

IN KARLSRUHE UND UMGEBUNG

ERLEBT HABEN MUSS

SILBERBURG

INHALT

STEPHANUS

VORWORT

Karlsruhe kennen – Karlsruhe lieben: So lautete ein Werbeslogan aus den 70er-Jahren. Ganz ehrlich, etwas abgeschmackt war der Slogan schon damals. Die Fächerstadt ist eher eine Liebe auf den zweiten Blick. Aber die mit etwas mehr als 300 000 Einwohnern zweitgrößte Stadt Baden-Württembergs hat enorm viel zu bieten – wenn man die richtigen Ecken kennt. Dieses Buch soll Sie dahin begleiten. Es ist sowohl für Neueinsteiger als auch für Alteingesessene gedacht. Daher lassen wir Destinationen, die selbst Leute von außerhalb kennen – ZKM, Schloss oder »Das Fest« – außen vor.

Wussten Sie, dass sich am Engländerplatz die Wiege des deutschen Fußballs befindet? Hier fand 1899 ein deutsches Ur-Länderspiel statt. Kennen Sie das Gut Scheibenhardt – ein verwunschen wirkendes Jagdschloss, in dem heute die Kunstakademie eine Dependance hat? Oder: Schon mal High-End-Kaffeebohnen beim Coffeologen im Höhenstadtteil Bergwald verkostet? Stadtnah, aber doch irgendwie abseits der Wege. »101 Sachen machen« soll Ihnen helfen, Ihre Stadt neu oder wieder zu entdecken.

Ganz wesentlich: Die ehemalige badische Residenz wird seit jeher wegen ihrer bevorzugten geografischen Lage gerühmt. Zu Recht. Um sie herum liegen der Kraichgau, der Schwarzwald, die Pfalz und das Elsass. Deshalb wird hier auch weniger Bekanntes in der Umgebung vorgestellt: unter anderem der Drachenweg im Weingartener Moor, das Burgenland der

Südpfalz, ein Chocolatier in Wissembourg und eine spektakuläre Panorama-Vision im Pforzheimer Gasometer.

Im Übrigen: Die heutige »Residenz des Rechts« hat ihr Außenmarketing längst auf einen aktuelleren Stand gebracht. Inzwischen heißt der Slogan der Technologie-Region: »High-Tech trifft Lebensart«. Und das passt in der Tat recht gut. In Karlsruhe mit seiner liberalen Tradition trifft Informationstechnologie auf eine vom Nachbarn Frankreich inspirierte Genießerseele. Hier finden sich das Seecontainer-Gründerzentrum »Perfekt Futur«, der frankophile Wochenmarkt auf dem Gutenbergplatz oder ein neu entwickelter Küchen-Roboter. Aber entdecken Sie Karlsruhe und die Region doch einfach selbst …

KARLSRUHE

EIN LESE-PARADIES

A & S Bücherland

Das »A & S Bücherland« in der Karlsruher Oststadt ist zweifellos ein magischer Anziehungspunkt für Freunde des Gedruckten. Längst ist die Secondhand-Buchhandlung, die seit rund 15 Jahren existiert, ein wichtiges kulturelles Zentrum im Quartier. Regelmäßig finden dort Lesungen statt. Wohin man auch schaut: Bücher, Bücher, Bücher. Mit rund 500 Quadratmetern und mehr als 50 000 Büchern auf Lager ist die Einrichtung die größte ihrer Art in Süddeutschland.

Eine Mischung aus Antiquariat und Buchhandlung – in jedem Fall ein Treffpunkt für Menschen, die Bücher lieben. »Es geht um Lesekultur zum einen, aber auch um einen sozialen Treffpunkt. Man hat viele schöne Gespräche«, erklärt Betreiber Thomas Stieber.

Und in der Tat, in der Stunde des Besuchs kommen zahlreiche Menschen vorbei, bringen Bücher, schmökern in den Untiefen des riesigen Verkaufsraums, kaufen Bücher oder halten ganz einfach ein Schwätzchen. Die Stammkundschaft schätzt den Laden offensichtlich sehr. Es gibt viele lesefreudige Studenten in der Nähe, zudem ein urbanes Umfeld. Der studierte Physiker Stieber hatte irgendwann genug davon, als Naturwissenschaftler jobbedingt nur noch vor dem Computer zu sitzen. Schon war die Idee zu der Secondhand-Buchhandlung geboren. Das Vorbild kam aus der Schweiz. Damit ist das Bücherland unweit der Hoepfner-Burg eine ganz eigene Form des Buchladens und eine Kultur-Insel.

Die Bücher kosten in etwa zwischen zwei und fünf Euro. Fast unmöglich, dass ein bibliophil gesinnter Mensch hier nicht fündig wird. Der Bücherwurm findet auch relativ viele aktuelle Titel – ob von Ken Follett, T. C. Boyle, Tim Parks, Virginie Despentes, Alex Capus, Martin Suter oder Nele Neuhaus. Es gibt ein Regal mit Reiseführern im Eingangsbereich und Regionalia über Karlsruhe und Baden, Fantasy sowie unzählige Ratgeber oder alte Simenon-Maigret-Klassiker. Klar, dass bei 50 000 Titeln so ziemlich alles vertreten ist.

LAGE: A & S Bücherland, Rintheimer Straße 19, 76131 Karlsruhe-Oststadt, www.buecherland.de

ÖFFNUNGSZEITEN: montags bis freitags 10.00–19.00 Uhr, samstags 10.00–16.00 Uhr

HALTESTELLE: Karl-Wilhelm-Platz

RICHARD DAWKINS
DER GOTTESWAHN
BOY
LOKI SCHMIDT
Erzähl doch mal von früher

KARLSRUHE

WEITE STADT-NATUR

Alter Flugplatz

Seit 2018 ist der Alte Flugplatz zwischen der Nordstadt mit der Hardtwaldsiedlung, der Nordweststadt und Neureut-Heide ein UN-Projekt für biologische Vielfalt in der Sparte »Soziale Natur – Natur für alle«. Es ist ein Naherholungsgebiet für die Menschen im Karlsruher Nordwesten, viele Jogger laufen die rund 3,2 Kilometer lange Strecke entlang des idyllischen Areals mit seiner Weite, das mehr oder weniger sich selbst überlassen wurde. So kann die Natur gedeihen (unter anderem Silbergras, Heidenelke und Sandglöckchen). Rund 300 verschiedene Pflanzenarten sind erfasst.

Auch Tier- und Insektenwelt können sich auf dem steppenartigen Gelände mit seinem Sand- und Magerrasen frei entfalten. Gezählt wurden bislang 80 Vogel- und 100 Schmetterlingsarten. Für die Beweidung sorgen Esel und Schafe.

Im 18. Jahrhundert nutzte die Badische Garnison den »Großen Exerzierplatz«. Im 19. Jahrhundert wurde aus dem weitläufigen Areal ein Landeplatz für Zeppeline. Nach dem Zweiten Weltkrieg übernahmen die in Karlsruhe stationierten US-Truppen den Flughafen. Was viele nicht wissen: Nach Ende des Krieges suchte man in Deutschland einen Großflughafen in zentraler Lage. Zur Auswahl standen damals: Frankfurt am Main und der Alte Flugplatz in Karlsruhe. Der Ausgang der Geschichte ist bekannt. Nicht auszudenken, die Wahl wäre auf das Areal im Nordwesten der Fächerstadt gefallen. Was dies zur Folge gehabt hätte, mag jeder erahnen, der die Terminals im größten Flughafen der Republik betritt.

Als die US-Armee nach dem Ende des »Kalten Krieges« nach und nach Karlsruhe verließ, plante der damalige Oberbürgermeister Gerhard Seiler, den ehemaligen Flugplatz im städtischen Siedlungsgebiet zu bebauen. Doch es regte sich Widerstand im »grünen Karlsruhe«. Schließlich behaupteten sich die Gegner, und die Frischluftschneise des 70 Hektar großen Naturschutzgebiets blieb erhalten – sehr zur Freude der Naherholungssuchenden, die hier Rad fahren, Drachen steigen lassen, mit dem Hund ausgehen oder einfach nur die Seele baumeln lassen.

LAGE: **Alter Flugplatz Karlsruhe, zwischen Nord- und Nordweststadt, www.alter-flugplatz-karlsruhe.de**

HALTESTELLE: **August-Bebel-Straße**

KARLSRUHE

VINYL FÜR AUDIOPHILE

Badische Schallplattenmanufaktur

Schon oft wurde sie totgesagt. Doch die Vinyl-Schallplatte feiert einmal mehr eine Renaissance. Während der CD-Absatz bröckelt, steigen die Absatzraten der LP im zweistelligen Prozentbereich. Der Nischenmarkt für Audiophile und Plattensammler, die auf den warmen Klang einer direkten, analogen Abtastung durch die Nadel setzen, wächst permanent. Und da sind wir bei Björn Bieber. Der 46-Jährige betreibt in Karlsruhe eine der letzten Schneidanlagen für dieses »schwarze Gold«. Gerade mal eine Handvoll gibt es noch in der Republik. Im Land ist er allein auf weiter Flur. »Das nächste Presswerk von uns aus gesehen ist in Chemnitz«, sagt er, während er Pakete mit Vinyl füllt, die demnächst nach Israel, Thailand oder Venezuela gehen. Die Nachfrage ist international.

Der Betriebswirt hat sich mit seiner Schallplattenmanufaktur auf Kleinstauflagen von einigen Hundert Exemplaren konzentriert, zudem auf Sondereditionen wie Picture-Discs oder farbiges Vinyl.

Der Schatz, der ihm dies ermöglicht, steht unscheinbar in einem Hinterzimmer der Weststadt: eine Neumann VMS 80. Eine Schneidemaschine, die wie aus einem Zeittunnel anmutet. Von damals, aus dem analogen Zeitalter – Mikroskop, bakelitgrüne Verkleidung und Röhrenbildschirm inklusive. »Dieses Gerät ist ein großer Glücksfall«, sagt Bieber. 350 000 D-Mark hat er sich die Zaubermaschine damals kosten lassen, er holte sie eigenhändig aus London von den Townhouse-Studios ab.

»Auf dieser Anlage wurden die originalen Spätwerke von Genesis oder Queen hergestellt«, weiß der Experte. Heutzutage werden auf der Spezialmaschine, die mit einem Diamantmesser Rillen in die Kupferplatte schneidet, eher härtere Töne auf die Träger gebracht. Die Manufaktur hat sich auf Bands aus dem Indie- und Punk-Sektor spezialisiert. Die Bands, die bei Bieber ihre Auflagen bestellen, gehören aber auch zu den Größeren der Branche. Für Die Ärzte, Mod-Legende Paul Weller (ehemals The Jam), die Heartland-Punks von »Gaslight Anthem« oder Liedermacher Konstantin Wecker stellte er schon Platten aus PVC-Granulat her.

LAGE: Badische Schallplattenmanufaktur – flight 13 duplication, Sophienstraße 232, 76185 Karlsruhe-Mühlburg, www.flight13-duplication.com

PHILIPS

ZONE
Bewohner
frei

KARLSRUHE

VILLEN IM JUGENDSTIL

Baischstraße

Vis-à-vis des Kaiserplatzes im Westen der Innenstadt befindet sich in der Baischstraße das schönste Jugendstilensemble von Karlsruhe. Zwischen 1900 und 1903 errichtete der schillernde Architekt Hermann Billing in seiner Heimatstadt die Villenkolonie in einer Sackgasse bei der Stephanienstraße. Besonders beeindruckend ist das Torgebäude als Entrée, das damals Mietwohnungen und Ateliers beherbergte.

Von Beginn an war die Siedlung als »bessere Gegend« für Gutsituierte geplant. Oder mit den Worten Billings: »Behagliche Wohnungen für die ersten Familien der Stadt.« Die Häuser besitzen große Farbvielfalt und reiche Formensprache. Farbige Sandsteine werden von blau glasierten Majolika-Fliesen der damals gerade gegründeten Keramikmanufaktur kontrastiert. Ziegel und Putz setzen mit Goldverzierungen Akzente. In der als Privatstraße konzipierten Kleinsiedlung wurden auch Laternen, Tore oder Zäune in Billings Formensprache gestaltet. Selbst die Zimmerausstattung kreierte der Architekt bis ins kleinste Detail.

Die Anlage litt später unter Kriegszerstörung. In jüngster Zeit machte die Vorzeigesiedlung negative Schlagzeilen wegen juristischer Streitigkeiten zwischen Anwohnern um Parkplätze.

Billing, der sich selbst als Universalkünstler sah, brach Gymnasium, Kunstgewerbeschule und Architekturstudium vorzeitig ab. Er war der einzige Architekt in der Kapitale des Großherzogtums Badens, der dem 1896 gegründeten Künstlerbund beitrat. Als Avantgardist grenzte er sich vom Historismus ab und machte den Jugendstil zu seinem Credo. Privat galt Billing als speziell. Acht Kinder von drei Frauen und einen unehelichen Sohn galten seinerzeit eher als unschicklich.

Seiner Schaffenskraft tat dies keinen Abbruch. Neben dem Ensemble in der Baischstraße (benannt nach dem Maler Hermann Baisch) schuf der Privatarchitekt in Karlsruhe unter anderem die Hof-Apotheke an der Ecke Kaiserstraße/Waldstraße und die Hauptfeuerwache in der südlichen Ritterstraße. In Baden-Baden entwarf er die Kunsthalle.

LAGE: Baischstraße am Kaiserplatz (Mühlburger Tor, Stephanienstraße), 76133 Karlsruhe, https://stadtlexikon.karlsruhe.de

HALTESTELLE: Mühlburger Tor

KARLSRUHE

KONTAKT ZU ZEUS

Blitz-Informationsdienst

Zu Unwettern hat Stephan Thern ein ganz besonderes Verhältnis. Das ist auch kein Wunder, der Karlsruher ist Leiter des Blitz-Informationsdienstes (Blids), der bundesweit genaueste Informationen über Gewitterblitze an seine Kunden weitergibt. Mit seinem Team sitzt der Ingenieur auf dem Areal von Siemens in Karlsruhe-Knielingen. Sie betreuen rund 160 Antennen, die in ganz Europa installiert sind. »Wir geben unsere Daten unter anderem an den Deutschen Wetterdienst, private Unternehmen, Flughäfen, Energieversorger, Betreiber von Überlandleitungen oder Versicherungen weiter.«

Das Prinzip sieht so aus: Jeder Blitz sendet ein elektromagnetisches Signal aus. Diese Information wird von Antennen registriert und in der Blids-Zentrale analysiert. Aus den Messwerten der Empfänger wird ermittelt, wo gerade ein Blitz einschlägt. Auf digitalisierten Landkarten werden die elektrischen Entladungen auf wenige Hundert Meter genau dargestellt.

»Versicherungen möchten wissen, ob der Schaden, den ein Kunde wegen eines vermeintlich eingeschlagenen Blitzes angibt, auch den Tatsachen entspricht. Flughäfen wollen genaue Daten für ihre Flugplanung«, sagt Thern. Auch Open-Air-Konzert-Veranstalter zählen zu den Kunden.

Die Antennen der Unwetter-Experten sind so sensibel, dass eine Antenne im Badischen selbst einen Einschlag in Portugal analysieren kann. Ein »Spion« stellt bei Blids im Internet die aktuelle Situation nicht nur in Deutschland, sondern auch in der Schweiz, in Polen oder den Beneluxländern dar.

»An extremen Gewittertagen werden in Deutschland bis zu 200 000 Blitze registriert. Das ist von Jahr zu Jahr verschieden«, so Thern. Jährlich seien es rund eine Million Blitze in Deutschland – Tendenz rückläufig. Speziell in Mittelgebirgen wie dem Schwarzwald oder der Schwäbischen Alb kommt es häufig zu Blitzeinschlägen. Das Gute an seinem Job? »Über das Wetter spricht man immer«, meint der Ingenieur, der der einzigen Einrichtung dieser Art in Deutschland vorsteht und offensichtlich einen guten Draht zu Gewittergott Zeus hat.

LAGE: **Blids, Stephan Thern, Siemensallee 84, 76187 Karlsruhe-Knielingen, www.blids.de**

OBERKIRCH-TIERGARTEN

KARLSRUHE

GIN AUS CANNABIS

Breaks Spirituosen

Der Gin-Markt boomt. Der Wacholderschnaps ist bei Kennern überaus beliebt und gilt als Kult-Spirituose. Und einer, der diesen Markt bedient, ist Harald Reinholz. Der 44-Jährige betreibt eine kleine Destillerie im Stadtteil Mühlburg. Reinholz ist Autodidakt. »Mein Großvater war einst Schnapsbrenner, aber im Grunde habe ich mir das alles selbst beigebracht.« Rund 24 000 Flaschen produziert er mit seiner Manufaktur »Breaks Gin« jährlich. Dabei hat der umtriebige Brenner eine kleine, aber feine Nische gefunden.

Vier verschiedene Sorten stellt er her. Einen mild-fruchtigen Premium Dry Gin, einen goldgelben im Eichenfass gereiften Reserve Dry Gin, einen kräuterhaltigen Butchers Gin und sogar einen Cannabis Gin. Bei Letzterem ist er nach eigenen Angaben der Einzige in Deutschland, der einen Wacholderschnaps mit der Hanfblüte herstellt. Einen Rausch kann man dabei aber allenfalls vom Alkoholgehalt bekommen, vom Cannabis jedoch nicht. »Wir benutzen lediglich die männliche Blüte, die den Wirkstoff THC nicht enthält. In der Destillation wird der komplette Strang der männlichen Hanfpflanze genutzt – Blatt, Blüte und Stiel. Kombiniert wird das unter anderem mit Timut-Pfeffer, was vom Geruch stark an Hanf erinnert«, erläutert Reinholz. Beim Premium Dry Gin sind neben den Wacholderbeeren auch Fenchel, Zitronenschale, Lavendel, Zimt oder Orangenblüten im Einsatz, während beim fassgereiften Reserve Dry Gin unter anderem Kardamom oder Koriander genutzt werden.

»Es sind die Kombination von Kräutern und das Spiel von verschiedenen Aromen, was jedem Gin seinen Charakter verleiht. Man kann viel experimentieren. Das ist für mich das Spannende«, sagt der Selfmade-Brennmeister. Jeder Schnaps wird einmal in der imposanten Brennblase bei rund 80 Grad für sieben bis acht Stunden gebrannt. Mehrere Tage wurden Kräuter und Alkohol zuvor im Fass gelagert. Stolz ist Reinholz auch auf seine Sondereditionen. Einen bläulich gefärbten Schnaps hat er eigens für den Karlsruher SC produziert. Zudem gibt es einen Illuminati-Gin für eine Karlsruher Szenebar. Das Logo der Flasche zieren die Pyramide der Fächerstadt sowie mystische Zahlenkombinationen.

LAGE: Breaks Spirituosen, Gablonzer Str. 11, 76185 Karlsruhe-Mühlburg, www.breaks-gin.com (mit Shop)

KARLSRUHE

WIE BEI FREUNDEN

Café Palaver

»Essen wie bei Freunden«, so bringt Annabelle Saur, gemeinsam mit Barbara Tolone Inhaberin des »Café Palaver«, ihr Konzept auf den Punkt. Das Café am Lidellplatz in der östlichen Innenstadt ist mit seinem idyllischen begrünten Hinterhof eine echte Oase. Die gastronomische Einrichtung im Gewerbehof ist Teil der alternativen Szene, dieser aber längst entwachsen. Schüler, Geschäftsleute oder Mamas mit ihrem Nachwuchs trinken hier gemütlich einen Biotee, genießen die ausgiebige Frühstückskarte oder den Mittagstisch, der in großen und kleinen Portionen angeboten wird.

Eine frische internationale und kreative Küche ist das Credo des Ganztages-Cafés. Ferner finden alte deutsche Rezepte immer wieder den Weg auf die Karte. Täglich werden drei vegetarische Gerichte zubereitet (davon eines komplett vegan). Küchenchef ist Kai Klingler, wobei es dieser Terminus nicht exakt trifft. »Einen Chef im eigentlichen Sinne haben wir nicht. Jeder kann sich kreativ mit Rezepten einbringen«, so Klingler. Der Teamgedanke ist den »Café-Palaver-Leuten« sehr wichtig.

Menschen aus verschiedenen Nationen, mit oder ohne Behinderung, zaubern hier Gerichte zu fairen Preisen. »Wir sind uns unserer sozialen Verantwortung wohl bewusst. Bei uns gibt es bezahlte Pausen, alle Trinkgelder werden geteilt. Zudem unterstützen wir keine Großkonzerne«, sagt Annabelle Saur.

Vieles wird selbst hergestellt oder von lokalen Produzenten vor Ort gekauft. Selbst das Eis wird von einer Gelateria aus der Oststadt geliefert – per Rad. »Das Prinzip Nachhaltigkeit wird bei uns täglich gelebt. Wir haben sogar Plastikröhrchen durch Papier-Strohhalme ersetzt. Mitnahmebehälter fürs Essen sind aus Maisstärke, und der Kaffeesatz wird als Dünger verwendet«, erläutert Saur. »Nichts aus der Tüte« ist ein Prinzip der generationenübergreifenden Einrichtung, die bereits seit 30 Jahren existiert. Und: Viel gemütlicher kann man fast nirgendwo in Karlsruhe sitzen als im Palaver-Wintergarten oder draußen an der Backsteinfassade.

LAGE: Café Palaver, Steinstraße 23, 76133 Karlsruhe (Gewerbehof), www.cafepalaver.de

ÖFFNUNGSZEITEN: täglich 9.00 bis 19.00 Uhr

HALTESTELLE: Kronenplatz

KARLSRUHE

GLAMOURÖSE DINNERSHOW

Crazy Palace

Kulinarik und Akrobatik auf hohem Niveau – damit wäre das Konzept von »Crazy Palace« wohl treffend umschrieben. Jeweils von November bis Januar eines Jahres geht die Dinnershow auf dem Karlsruher Messplatz über die Bühne. Spitzenkoch Sören Anders (»Anders am Turmberg«) sorgt mit einem Vier-Gänge-Menü dafür, dass keine Wünsche offenbleiben. Hinzu kommt ein Showprogramm auf internationalem Niveau. Horizontales Jonglieren, Magie oder Hand-auf-Hand-Akrobatik begeisterten das Publikum in der Saison 2017/18. Im Vergleich zu den Jahren davor wirkt die Dinner-Show mittlerweile geräumiger und glamouröser. Das Showprogramm findet nun in der zweiten Saison in der Mitte, direkt im Zentrum des Zelts, statt. Comedy, Jonglage, Akrobatik und Haute Cuisine gehen hier Hand in Hand. Hoch ist regelmäßig die Promi-Dichte: Ex-KSC-Trainer und derzeitiger Coach beim FC St. Pauli Markus Kauczinski ist ein oft gesehener Gast, ebenso wie Box-Weltmeisterin Regina Halmich oder die Miss Germany von 2009, Doris Schmidts, die beide aus der Fächerstadt stammen.

Crazy-Palace-Macher Günter Liebherr umreißt das Konzept so: »Es geht darum, Nicht-Alltägliches zu erleben.« Zu Gast war auch bereits Drei-Sterne-Koch Harald Wohlfahrt (früher »Traube Tonbach«, Baiersbronn). Die Menüfolge 2017/18 enthielt Thunfisch mit orientalischen Gewürzen, Eismeerforelle, Rinderfilet mit Kräuter-Senf-Kruste oder gestocktes Landei mit Trüffelemulsion (Letzteres beim vegetarischen Menü). In der Wintersaison 2018/19 stand auf dem Menüplan: Lachs an Sesam-Vinaigrette, Kabeljau auf würzigem Kürbis mit gegartem Schweinebauch an Kokos-Kürbisschaum, sous-vide-gegartes Schwarzfederhuhn mit Kartoffeln und Portweinzwiebeln sowie Zitronenschnittchen mit Hafer und Baiser. Vegetarisch gab es Rote Bete, Ziegenkäse und Wildkräuter, Kürbis-Perlgraupenrisotto an Curryschaum und Steinpilzravioli mit Maronen und Nussbutteremulsion. Schon Appetit bekommen? Keine Frage, Gourmets kommen auf ihre Kosten bei dem Event, bei dem zuletzt eine spektakuläre Wassershow geboten wurde.

LAGE: Dinnershow »Crazy Palace«, Messplatz, Durlacher Allee 66, 76137 Karlsruhe, www.crazy-palace.de

ÖFFNUNGSZEITEN: November bis Januar

HALTESTELLE: Tullastraße

KARLSRUHE

KRÄUTERFEE AM HAFEN

Culinarico-Manufaktur

Gewürze, Kräuter, Salz und Pfeffer – wenn sich damit jemand auskennt, dann Luise Molz, Inhaberin der Gewürzmanufaktur »culinarico« am Rheinhafen. Wer ihr Geschäft betritt, wird umhüllt von sanften Düften aus aller Welt: Pfeffer aus Indien, Muskatnuss von den Antillen, Paprika aus Ungarn oder Ingwer aus Indonesien. Die Frau mit den markanten roten Haaren ist Herrin über arabisches Kaffeegewürz oder persisches Rosengewächs. Rund 600 Produkte, darunter allein 70 Salze, befinden sich in ihrem Portfolio.

Die 57-Jährige, die seit gut 30 Jahren in der Biogewürzbranche tätig ist, hat sich in ihrem Metier längst einen Namen gemacht. Zu ihren Kunden zählt Spitzenkoch Johann Lafer, der ihren 7-Pfeffer-Mix schon mal als puren »Gaumensex« bezeichnet hat. Etliche Sterneköche vertrauen auf die Gewürzmischungen der studierten Ernährungstechnikerin. Derzeit sei ihr Spargelgewürz mit Ingredienzen wie Dill, Koriander, Ingwer, Kerbel, Bärlauch oder Lorbeer besonders gefragt, ebenso wie Mischungen für Fisch oder Grillgewürz. Mit Grill-Weltmeistern hat sie scharfe Mischungen wie »Weißglut« oder »Höllenritt« kreiert. Speziell der Bio-Gedanke liegt der Aromen-Expertin am Herzen. Von Geschmacksverstärkern, künstlichen Aromen oder Farbstoffen hält die Fachfrau nichts. »Unsere Gewürze, Kräuter und Blüten sind fast alle biologisch angebaut. Die Produkte sind von Natur aromatisch und so intensiv im Geruch und Geschmack, dass sie keine Zusatzstoffe nötig haben.« Das Kreieren neuer Mischungen macht der sympathischen Frau Freude. »Ich bin so lange am Probieren, bis es harmonisch schmeckt und kein Gewürz dominiert. Schließlich soll es die Speise unterstreichen, nicht dominieren.« Ihre Rezepturen sind echte Eigenkreationen und Handabfüllungen. Grillschulen, Metzgereien, Ölmanufakturen, Restaurants und Feinkosthandel zählen zu ihren Kunden. Ob Hobbykoch oder Gastro-Profi – am Hafen mit seinem industriellen Charme decken sie alle sich in der Kräuter-Werkstatt ein.

LAGE: Culinarico, Industriestraße 2, 76189 Karlsruhe-Rheinhafen, www.culinarico.de (mit Shop)

ÖFFNUNGSZEITEN: montags bis donnerstags 10.00–18.00 Uhr, freitags 10.00–16.00 Uhr, jeden ersten Samstag im Monat 10.00–15.00 Uhr

HALTESTELLE: Waidweg

rico
Griller
culinarico.de
culinarico

LAGE: Drais-Museum, Steinstr. 23, 76133 Karlsruhe (Gewerbehof)

ÖFFNUNGSZEITEN: dienstags bis donnerstags 11.00–18.30 Uhr, freitags 8.00–19.00 Uhr, samstags 10.00–15.00 Uhr

HALTESTELLE: Kronenplatz

KARLSRUHE

PIONIER DES FAHRRADS

Drais-Museum im Gewerbehof

In Karlsruhe, Süddeutschlands Fahrradstadt Nummer eins, klaffte eine bedenkliche Lücke. Schließlich ist die Fächerstadt nicht nur wegen Carl Benz, sondern auch wegen Karl von Drais, dem Erfinder des Fahrrads, die Wiege der modernen Mobilität. Und für diesen und sein Werk gab es keine Gedenkstätte. Die Lücke wollte Martin Hauge schließen. Der Fahrradmechaniker hat in seiner Werkstatt im Gewerbehof Anfang 2019 das erste Drais-Museum der Stadt eröffnet.

»Wir reden von einer genialen Erfindung, die zu wenig gewürdigt wird. Es geht darum, Drais zu rehabilitieren. Nicht nur als revolutionären Erfinder, sondern auch als Menschen. Als Demokrat war er immer wieder Anfeindungen ausgesetzt«, sagt Hauge. Seine Werkstatt ist voll mit Abbildungen, Plakaten und Texten des Karlsruhers, der vor mehr als 200 Jahren mit dem Laufrad den Vorläufer des Fahrrads entwickelte. Und zu jedem Exponat hat der Drais-Enthusiast eine Anekdote zu erzählen.

Der Erfinder war auf vielen Feldern tätig. Er erfand die erste Tastenschreibmaschine der Welt und einen Energiesparofen. Eine Lebendmaske Drais' von 1818, zwei nachgebaute Draisinen, Büsten, technische Skizzen und eine Kopie der ersten Zeichnung des Laufrads befinden sich in der Werkstatt. Eine Kopie zeigt den badischen Großherzog Karl Friedrich mit acht Männern von Talent – darunter Karl von Drais, der später seinen Adelstitel ablegte, und »Rheinbegradiger« Gottfried von Tulla. Auf diesen ist Hauge nicht gut zu sprechen. Ingenieur Tulla beurteilte in einem Gutachten seinerzeit das Laufrad als ineffizient. »Nur weil er falsche technische Berechnungen anstellte«, empört sich Hauge.

Er weiß über frühe Laufrad-Präsentationen vor dem russischen Zaren im Karlsruher Nymphengarten zu berichten. Oder darüber, dass ein Vulkanausbruch in Indonesien 1815 (im »Jahr ohne Sommer«) in Europa Ernteausfälle, Hungersnot und auch einen Mangel an Futter für Pferde zur Folge hatte und damit den Boden für die Erfindung ohne Pferdestärken bereitete. Das älteste Foto der Laufmaschine von 1862 ist im Besitz von Hauge, der sich schon für die ZDF-Sendung »Terra X« auf die Draisine schwang. Er kennt viele Spuren, die der Pionier hinterließ – und macht sie nur allzu gerne bekannt.

KARLSRUHE

REGIONALE BIOKÜCHE

EigenArt

Seit 2009 existiert das Restaurant »EigenArt« am Rande des Karlsruher Marktplatzes und hat sich längst zu einem Geheimtipp entwickelt. Geboten wird dort eine klassische deutsche Küche mit italienischem Einschlag. Eines ist Geschäftsführer Michael Sachs ganz wichtig: »Saisonale und regionale Speisen sind für uns das A und O. Wir bieten Produkte von hier an, die für Qualität stehen. Das ist unser Anspruch«, sagt Sachs, der aus Thüringen stammt und die Küche verantwortet, während Co-Geschäftsführer Christian Boldmüller für den Service zuständig ist.

Den Fisch beziehen die Gourmet-Profis vom Edel-Caterer »Südfisch« aus Muggensturm, das Wild von einer Jagd aus Pfinztal, den ausschließlich deutschen Vinum aus der Pfalz und Baden. Die Pute stammt aus bäuerlicher Freilandhaltung im nahen Elsass. Seit Ende 2016 ist das Restaurant bio-zertifiziert. »Bio heißt für uns, dass wir die jeweiligen Produkte von lokalen ökologischen Erzeugern beziehen. Biozitronen aus Ägypten zu importieren widerspricht diesem Gedanken komplett. Damit haben wir nichts am Hut«, erklärt der gelernte Koch, der vom Gedanken des Slow Food aus dem italienischen Piemont inspiriert ist.

Die Jahreszeiten werden vom Team aufgegriffen und kulinarisch veredelt. Schulter mit Risotto oder Bioschweinefleisch mit Gnocchi zählen zu ihren Klassikern einer deutsch-italienischen Fusionsküche. Von Bedeutung ist für Michael Sachs auch der Respekt vor dem Tier. »Wir versuchen jeweils, das Tier komplett zu verwenden. Klar, es sind Nutztiere, aber wichtig ist auch, dass sie zuvor ein Leben in adäquater Haltung hatten«, betont der 42-Jährige Küchenchef.

Das ebenso schlichte wie stylishe Restaurant in der City, das auch einen Mittagstisch anbietet, besuchen viele Gourmets aus der Region. »Mir macht es Freude, kreativ zu arbeiten und dabei auf die Produkte unserer Kulturlandschaft zurückzugreifen«, resümiert der Gastronom, dessen Gaststätte bereits in der Fachzeitschrift »Der Feinschmecker« unter »Beste Restaurants für jeden Tag« gelistet wurde.

LAGE: EigenArt, Hebelstraße 17, 76133 Karlsruhe, www.eigenart-karlsruhe.de

ÖFFNUNGSZEITEN: montags bis mittwochs und freitags 18.00–23.00 Uhr

HALTESTELLE: Marktplatz

KARLSRUHE

WINDRAD ALS SYMBOL

Energieberg

Regelmäßig gibt es Touren zu Anlagen für erneuerbare Energien auf dem Energieberg in Mühlburg. Früher war dort die Mülldeponie West. Kurzzeitig firmierte die Erhebung auch als Müllberg und als Windmühlenberg. Dort befinden sich zwei Windräder, welche die Windenergie in Strom verwandeln. Die beiden ersten Anlagen der Firma Seewind waren deutlich in die Jahre gekommen, auch was die Leistungsfähigkeit von 0,75 Megawatt betraf. Sie wurden nun durch eine leistungsstärkere und modernere Megawindmühle ersetzt, welche ihre Vorgänger deutlich überragt.

Ende 2018 wurde die neue Windmühle der Stadtwerke am Rheinhafen in Betrieb genommen. Sie hat eine Nabenhöhe von 80 Metern und einen Rotordurchmesser von mehr als 100 Metern. »Ihre Leistung beträgt in etwa zwei Megawatt«, sagt Markus Schneider, Pressesprecher der Stadtwerke Karlsruhe. Repowering nennt sich das, wenn alte Windräder durch neue, größere und leistungsfähigere ersetzt werden. Nun thront das neue Rad als Blickfang im Karlsruher Westen und stellt so auch ein Symbol für die Energiewende dar. Schließlich hat sich Karlsruhe selbst das Signet »Grüne Stadt« gegeben. Ausgezeichnet wurde der Berg in der Vergangenheit bereits mit dem Preis »Deutschland – Land der Ideen«.

Der Ersatz der beiden kleineren Windräder durch die neue große Windmühle kostet rund sechs Millionen Euro. »Wir werden künftig ein Mehrfaches an Strommenge durch das neue Windrad generieren«, erklärt Thomas Müllerschön. Der ehemalige Stadtrat und Ökobauer muss es wissen. Er war eine der treibenden Kräfte für die Installation der Windräder im Karlsruher Westen (ein weiteres steht am Rheinufer beim Hofgut Maxau). Die Eingebung hatte Müllerschön nach dem Sturm »Wiebke« 1990. »Ich habe mir gesagt, dass man den Wind doch auch konstruktiv nutzen kann«, so Müllerschön. Und einigen Papierkrieg später wurde das erste Windrad in Karlsruhe Realität, dem schließlich weitere folgten. Ferner befinden sich auf dem Ökoberg eine fotovoltaikanlage und zwei Blockheizkraftwerke, die Strom und Wärme erzeugen.

LAGE: Energieberg, Wikingerstraße 36, 76189 Karlsruhe-Mühlburg, www.energieberg.de

HALTESTELLE: Rheinhafen

KARLSRUHE

FUSSBALL-GESCHICHTE

Engländerplatz

Die Wiege des deutschen Fußballs befindet sich an einem unscheinbaren Ort am Rand der Innenstadt-West. An der Moltkestraße liegt die futuristisch anmutende »Mensa Moltke«. Dahinter entdeckt man etwas versteckt einen Sportplatz. Dort, auf dem Engländerplatz, fand eines der ersten Ur-Länderspiele Deutschlands statt. Das heißt: Noch vor dem ersten offiziellen Länderspiel einer deutschen Auswahl (1908 gegen die Schweiz) und vor Gründung des Deutschen Fußball-Bundes kickten hier Nationalteams gegeneinander. Am 28. November 1899 unterlag Deutschland England mit 0:7.

Der Engländerplatz (früher Exerzierplatz) hieß so, weil hier das Spiel der Engländer, zuerst Rugby, dann Fußball, praktiziert wurde. Der Mann, der die Sportart von der Insel in Deutschland populär machte, war Walther Bensemann. Der Sohn einer jüdischen Bankiersfamilie gilt als der Fußball-Pionier im deutschsprachigen Raum. Er gründete unter anderem die Vorläufervereine von Eintracht Frankfurt und Bayern München sowie das Magazin »kicker«. In Karlsruhe hob der Multifunktionär den Karlsruher Fußballverein (KFV) aus der Taufe. Die Heimstätte des Teams war der Exerzierplatz. Vis-à-vis davon war Bensemann Schüler am Großherzoglichen Gymnasium, dem heutigen Bismarck-Gymnasium.

1910 holte der KFV den Meistertitel, zudem mehrmals den süddeutschen Titel. Torgaranten waren die jüdischen Nationalspieler Gottfried Fuchs und Julius Hirsch. Fuchs ist bis heute Rekordtorschütze der DFB-Auswahl. 1912 erzielte er beim 16:0 gegen Russland unglaubliche zehn Tore. Er emigrierte später nach Kanada. Sein Vereinskollege Hirsch wurde dagegen im KZ ermordet. Nach ihm ist ein DFB-Preis gegen Rassismus benannt. Eine Stele am Engländerplatz erinnert an die Pioniere in Sachen Fußball. Vor dem KFV erreichte der FV Phönix (Vorläuferverein des KSC) 1909 den Meistertitel. »Karlsruhe ist damit die einzige Stadt in Deutschland, in der zwei verschiedene Teams nacheinander den Meistertitel holten«, konstatiert Ernst Otto Bräunche, Leiter des Stadtarchivs Karlsruhe.

LAGE: **Engländerplatz, 76133 Karlsruhe, an der Moltkestraße bei der Pädagogischen Hochschule, hinter der Mensa. Die Stele befindet sich zwischen Mensa und Anne-Frank-Haus.**

HUDORA

KARLSRUHE

DSCHUNGEL-RUNDGANG

Exotenhaus

Mehr als eine Million Besucher lockt der Karlsruher Zoologische Stadtgarten mit seiner vielfältigen Tierwelt und seiner ausgiebigen Parklandschaft Jahr für Jahr an. Zu den Highlights des Stadtgartens, der direkt am Hauptbahnhof liegt, zählt sicherlich das Exotenhaus. 2015 wurde aus dem früheren Tullabad die neue Heimstätte für rund 2000 Tiere aus knapp 100 Tierarten. Nach dem Gondwanaland in Leipzig ist das Exotenhaus die zweitgrößte Einrichtung dieser Art.

In der Tat, es ist ein richtig kleiner Dschungel, den man dort betritt. An jeder Ecke keckert, pfeift und kreischt es. In der Fledermaushöhle fliegen die »kleinen Vampire« dicht an einem vorbei. Ein Pärchen Weißgesicht-Sakis widmet sich ausgiebig – keinen Meter vom Besucher entfernt – der Fellpflege. Das Besondere: Zäune oder Käfige sind keine zu sehen. Die Tiere befinden sich in einer aufwendig modellierten Landschaft mit exotischen Pflanzen, Bäumen, Ufern, Hügeln und Terrarien, in der sie sich jederzeit zurückziehen können. Ob Riesenschildkröten, Zwergseidenäffchen, Faultiere oder Madagaskar-Turteltauben – der Besucher entdeckt die Tiere in einer natürlich anmutenden Umgebung.

Beim Rundgang läuft man an zahlreichen Aquarien vorbei. Zu den Höhepunkten für die kleinen Besucher zählt zweifellos »Rosalinda«, der Papagei aus den Pippi-Langstrumpf-Filmen. Seit 2017 befindet sich der 52-jährige Papagei im Karlsruher Zoo. Zur Stärkung geht es in die Gaststätte »Exo« mit Blick durch die Panorama-Glasscheibe auf die Tierwelt nebenan. »Wer speist denn sonst gemeinsam mit Totenkopfäffchen, Vögeln und Reptilien? Das hat einen eigenen Reiz. Man bekommt die Lebensweise der Tiere hautnah mit«, sagt Zoodirektor Matthias Reinschmidt. Der ist im Übrigen eine Koryphäe in Sachen Papageien und dafür bekannt, gemeinsam mit Moderator Frank Elstner im TV über die Tierwelt zu berichten. Der Zoo engagiert sich auch in Ökoprojekten, unter anderem bei der Aufforstung des Nebelwalds in Südamerika.

LAGE: Zoologischer Stadtgarten, Ettlinger Str. 6, 76137 Karlsruhe, Eingänge am Bahnhofplatz und am Festplatz, www.karlsruhe.de/b3/freizeit/zoo.de, www.exo-karlsruhe.de

ÖFFNUNGSZEITEN: täglich 9.00–16.00 Uhr, im Sommer länger

HALTESTELLE: Hauptbahnhof, Kongresszentrum, Konzerthaus

KARLSRUHE

IM REICH DER DÜFTE

Florascent Duftmanufaktur

Keine Frage, sein wichtigstes Arbeitsgerät ist die Nase. »Duft ist Emotion pur. Ein Parfüm entsteht ja immer zuerst im Kopf. Ich kann mir Gerüche fast bildlich vorstellen. Düfte komponieren ist wie Geschichten erzählen«, sagt Roland Tentunian, während er gerade an einer neuen Kreation schnüffelt. Der 59-jährige Lockenkopf sieht sich in der Tradition der französischen Parfümeure des 17. Jahrhunderts. Etwa drei Dutzend Duft-Komponisten, die in kleinen Manufakturen arbeiten, gibt es bundesweit – und der Bonvivant mit dem ausgeprägten Geruchssinn ist einer von ihnen. Im Unterweingartenfeld in der Fächerstadt hat der Badener mit armenischen Wurzeln sein Labor.

Überall sieht man aufwendig gestaltete Flakons, bauchige oder kleine Apothekerflaschen, Destillierkolben oder Behältnisse mit Blütenessenzen. Seine handgemachten Düfte verkauft er nicht nur in Europa, sondern auch in Amerika oder Asien. Ein Schlüsselerlebnis für seine Passion fällt dem Inhaber der Florascent Duftmanufaktur sofort ein. »Ich war mit meinen Eltern im Urlaub in Bulgarien und war wohl so fünf Jahre alt. Zum Frühstück gab es Brötchen mit Rosen-Marmelade. Das intensive Aroma und der Duft der frischen Marmelade haben mich stark beeindruckt. Seitdem bin ich an Gerüchen aller Art interessiert«, gesteht der studierte Chemiker.

Seine Grundstoffe sucht er nach der besten Qualität aus. Dafür ist er auf dem gesamten Globus unterwegs und hat ein Netzwerk mit Produzenten vor Ort aufgebaut. Ingwer und Kardamom bekommt er aus Indien, Lavendel aus Südfrankreich. »Im 17. Jahrhundert waren Gewürze noch kostbarer, weil sie viel seltener verfügbar waren. Es gab ja regelrechte Gewürzkriege, um die wertvollen Ingredienzen zu erhalten.« Tentunian benutzt lediglich natürliche Blütenessenzen und alkoholische Auszüge aromatischer Pflanzen. Bei der Verdünnung komme dann im Idealfall die Schönheit des Extrakts zutage. Ein Waldspaziergang am Morgen beispielsweise sei für ihn eine regelrechte Geruchs-Expedition. Derzeit experimentiert er mit orientalischen Düften. Jasmin, Orange, Vanille und Zimt zählen zu Tentunians favorisierten Zutaten bei der Fusion von Gewürzen und Blütensaft.

LAGE: **Florascent Duftmanufaktur, Schauenburgstraße 1a, 76135 Karlsruhe-Bulach, www.florascent-shop.de**

war dass alles nur ein böser Traum?
Mama
Herz
ich wü
Papa wi

KARLSRUHE

SCHAUKELN AM GRAB

Friedhof-Spielplatz

Es mutet ein wenig seltsam an. Ein Spielplatz mitten auf einem Friedhof? Wackeltiere, Rutsche und Schaukel stehen vor Grabsteinen und Blumenkränzen. In jedem Fall betrat der Karlsruher Hauptfriedhof mit seinem ungewöhnlichen Projekt vor einiger Zeit völliges Neuland. Ein spezielles Areal wurde für die Trauerarbeit von Kindern und Jugendlichen errichtet.

Es gibt einerseits einen Spielplatz mit leise funktionierenden Spielgeräten. Wenn man jedoch über eine Brücke schreitet, geht man von der »heilen Kinderwelt« in die »Trauerwelt«. Dort sind Spielgeräte vorhanden, die bewusst nicht funktionieren. Der Sandkasten ist betoniert, die Schaukel bewegt sich nicht, die Wackeltiere stehen still. Es gibt von Kindern beschriftete Infotafeln, auf denen sie die Verzweiflung über den Verlust ihrer Eltern zum Ausdruck bringen.

Dass das Angebot des Hauptfriedhofs im Karlsruher Osten kontrovers aufgenommen würde, war den Machern klar. Doch Friedhofsamtsleiter Matthäus Vogel macht deutlich: »Wir möchten mit diesem Angebot Hilfestellung leisten. Gerade Kinder werden durch den Tod von Angehörigen in ihrer Welt schwer erschüttert. Wir wollen Kinder nicht an den Rand drängen, sie gehören ins Zentrum, in unsere Mitte.« Das Karlsruher Konzept ist gänzlich neu. Zwar gibt es sporadisch Spielplätze hinter Friedhofsmauern in Deutschland, aber nicht mitten auf einem »Gottesacker«. »Das ist in Deutschland, wenn nicht in Europa einzigartig. Aber es ist definitiv der richtige Weg, zumal die Umsetzung mit großer Ernsthaftigkeit geschehen ist«, betont Professor Reiner Sörries, Direktor des Museums für Sepulkralkultur, und fügt hinzu: »Der Friedhof, der nur seine Toten bestattet, wird selbst bald tot sein. Wir sollten uns auch auf einem Friedhof an das Leben erinnern.« Vogel merkt an: »Ein Friedhof ist eben auch ein Ort für die Angehörigen, und da gehören Kinder selbstverständlich dazu«, sagt der Leiter des 1873 von Josef Durm gestalteten Friedhofs, der zu den schönsten Parkfriedhöfen Deutschlands zählt.

LAGE: Hauptfriedhof Karlsruhe mit Info-Center, Haid-und-Neu-Straße 33, 76131 Karlsruhe, www.friedhof-karlsruhe.de

ÖFFNUNGSZEITEN: dienstags bis freitags 10.00–17.00 Uhr, samstags 10.00–13.00 Uhr

HALTESTELLE: Hauptfriedhof

KARLSRUHE

BADISCHES KONFEKT

Gelbfüßler-Pralinen

Thomas Kessel ist ein echter Grenzgänger. Der Karlsruher arbeitet bei BASF in Ludwigshafen. Als studierter Musiker war er viele Jahre Leiter des Kirchenchors im pfälzischen Wörth. Und es gibt ein weiteres Steckenpferd des Familienvaters, der im Stadtteil Dammerstock lebt: Er ist Hobbybäcker und experimentiert gerne in der heimischen Küche. Dabei hat er die Gelbfüßler-Pralinen erfunden.

»Wir hatten einen kulinarischen Abend beim Chor in Wörth. Jeder brachte eine Spezialität aus seiner Heimat mit. Bei den Pfälzern gab es Saumagen, die Schwaben machten Spätzle. Ich war für das Dessert zuständig. Also dachte ich mir Pralinen in Form kleiner gelber Füße aus, die mit Himbeeren (rot) und Passionsfrucht (gelb) für die badischen Farben stehen«, erzählt er schmunzelnd. Schon waren die Naschereien mit Lokalkolorit in der Welt. Historisch gehen die »Gelbfüßler« auf das badische Regiment im 18. Jahrhundert zurück, das gelbe Gamaschen trug. Auch heute noch wird die Titulierung bekanntlich gerne als spöttische Bezeichnung für die Badener genutzt.

Die Pralinen aus der Fächerstadt kamen im Übrigen in Wörth ganz hervorragend an. Also perfektionierte Kessel die Naschereien gemeinsam mit dem Konditor Mario Köhler aus Ubstadt-Weiher, der bereits als Patissier im Team der deutschen Koch-Nationalmannschaft stand. Ferner ist der Mann aus dem Kraichgau bekannt für seine fulminanten Torten. Zusammen verfeinerten sie das Rezept und gaben der cremigen Schokolade schließlich den Beinamen »Badens Herz auf der Zunge«.

Seit etlicher Zeit gibt es nun die »schokoladigen Füße« in der Karlsruher Tourismus-Information am Hauptbahnhof. Jeder Packung sind Sinnsprüche auf Badisch beigelegt.

Beim Verkauf der Pralinen, die ohne Konservierungsmittel und künstliche Aromen auskommen, sollen keine Gewinne erzielt werden. 20 Prozent des Erlöses werden an die »Karlsruher Tafel« gespendet.

LAGE: Die Gelbfüßler-Pralinen gibt es bei der Tourismus-Information Karlsruhe, Bahnhofplatz 6.

ÖFFNUNGSZEITEN: montags bis freitags 9.00–18.00 Uhr, samstags 9.00–13.00 Uhr

HALTESTELLE: Hauptbahnhof

Der Gelbfüßler
Badens Herz auf der Zunge
Badens Herz auf der Zunge

KARLSRUHE

FEDERLEICHT GEBLASEN

Glas-Atelier Schwarzmüller

Michael Schwarzmüller geht einem eher seltenen Handwerk nach. Der 61-Jährige ist Glasbläser. Und zwar nicht irgendeiner. Der Karlsruher ist ein echter Könner seines Fachs und arbeitet eng mit der Topgastronomie zusammen. Für Sterne-Köche entwirft er Gläser, Karaffen, Schälchen, Teller oder Clochen. Mal schlicht, mal extravagant.

Stolz präsentiert er ein Dessert-Gefäß für Sterne-Koch Juan Amador. Schwarzmüller wiegt das kunstvoll bearbeitete Objekt in seiner Hand. »Im Grunde kreiere ich Bühnen für die Köche, auf denen sie ihre kulinarischen Meisterleistungen darbieten«, sagt der Kunsthandwerker. Amador ist beileibe nicht der einzige Kunde. Unter anderem Daniel Schimkowitsch (Deidesheim) oder Zwei-Sterne-Koch Marc Rennhack schwören auf die Fertigkeiten des Mannes aus dem Karlsruher Bergdorf Grünwettersbach. »Ich arbeite individuell auf die Bedürfnisse der Branche zu – wenn man so will, Hand in Hand mit den Spitzenköchen.«

Wer eines seiner Gläser in die Hand nimmt, erlebt eine Überraschung. Fast mutet es an, als ob die physikalischen Gesetze außer Kraft gesetzt sind. Jeder Mensch hat intuitiv ein Gefühl, wie viel ein leeres Wasserglas wiegt. Diese Gläser sind jedoch so federleicht, dass man unwillkürlich zusammenzuckt. »Das liegt daran, dass ich mit dünnwandigem Glas arbeite. Es ist nicht gepresst. Zudem benutze ich nur hochwertiges Material, das thermisch sehr anspruchsvoll ist. Ich finde, Wasser hat mehr verdient als ein herkömmliches Industrieglas.«

Auch optisch unterscheiden sich seine Gläser aus Borosilikat von normalen Glasgefäßen. Sie sind oval geformt und haben einen farbigen Tropfen am Boden, der sich im gefüllten Wasserglas spiegelt. Der preisgekrönte Handwerker lernte einst ganz klassisch Glasapparate-Bläser an der Uni Karlsruhe. Er produzierte Apparaturen für physikalische Experimente. Vor etlichen Jahren machte er sich selbstständig und kam in Kontakt mit der Sterne-Gastronomie. Und seitdem produziert er in seinem Atelier exklusive Miniserien für die Top-Cuisine. Auch Automobilproduzenten im High-End-Bereich zählen zur Kundschaft. So hat er Flakons für die Belüftungsanlage des Maybachs hergestellt.

LAGE: **Schwarzmüller Glas Atelier, Egerlandstraße 26, 76228 Karlsruhe-Grünwettersbach, www.borosishop.de**

KARLSRUHE

SCHATZSUCHE IM WASSER

Goldwäscher Michael Leopold

Goldwäscher wird man nicht, um reich zu werden, sondern um das Naturerlebnis zu genießen. Das ist Abenteuer pur.« Wenn das einer wissen muss, dann Michael Leopold. Der Diplom-Geologe aus Durlach ist der Profi unter den Goldwäschern der Region. Regelmäßig führt er Gruppen, die sich dem Goldrausch hingeben wollen, in die Rheinauen.

Leopold steckt die Veranlagung quasi im Blut. »Ein Urgroßonkel von mir war selbst einmal am Klondike und ist dort ein reicher Mann geworden. Allerdings, als er damals wieder zurück im Badischen war, war er ein völlig anderer Mensch. Er traute niemandem mehr«, erzählt Leopold, der seine Familienhistorie ganz genau kennt – und weiß, was das Edelmetall aus den Menschen machen kann. Allerdings, im Hier und Heute – zumal am Oberrhein – ist die Wahrscheinlichkeit, durch einen plötzlichen Nuggetfund völlig aus der Bahn geworfen zu werden, eher gering. »Die letzten Goldwäscher am Rhein gab es so um 1911. Allerdings wurde dort in erster Linie Schwermineralsand gefördert. Der wurde in Schreibstuben genutzt, um die Tinte zu löschen. In alten Büchern kommt einem aus diesem Grund schon einmal eine Prise Sand entgegen«, so Leopold. Von den Goldfunden im Südwesten konnte aber auch damals keiner leben. Lediglich Goldflitter verirrten sich von den Alpen in die oberrheinische Tiefebene. »Goldwäscher war schon damals kein Hauptberuf«, berichtet der 61-Jährige über die Schatzsucher, die in der damaligen Residenz vorwiegend in Daxlanden und Knielingen beheimatet waren.

Schon mal mit dem berühmten Rheingold in Kontakt gekommen? Der Goldwäscher vom Durlacher Turmberg schmunzelt. »Das Rheingold habe ich bisher noch nicht gefunden, aber jede Menge Spaß und Ruhe. Das ist eine ganz meditative Arbeit.« Historischer Wahrheitsgehalt der Nibelungensage hin oder her – immer wieder führt der Dozent Teilnehmer seiner Goldwäscherkurse an Bäche im Schwarzwald oder Elsass und in die Rheinauen. »Wir haben immer wieder eine bunte Mischung vom Kleinkind bis zum Rentner, vom Handwerker bis zum Akademiker. Der Spaß ist bei allen gleich groß«, weiß Leopold.

LAGE: Michael Leopold, Jägerstraße 32, 76227 Karlsruhe-Durlach, www.mutabor-seminare.de

KARLSRUHE

KAFFEE-SOMMELIER

Good Karma Coffee

Kaffee ist genau mein Ding und schmeckt mir sogar kalt«, sagt Torsten Hahn und schmunzelt. Der Badener zählt zu der weltweit sehr kleinen Gruppe von Coffeologen. Man könnte sie auch Kaffee-Sommeliers nennen. Hahn beschäftigt sich geradezu wissenschaftlich mit der Bohne, die hauptsächlich in Südamerika angebaut wird. Ende 2013 eröffnete er im Karlsruher Höhenstadtteil Bergwald sein Geschäft »Good Karma Coffee«.

Die Spezialrösterei offeriert hochwertigen Farmkaffee aus direktem Handel, der den Anbauern in den Entwicklungsländern höhere Margen zum Überleben lässt als üblich. Der Inhaber bietet Kaffee an, den man zu 100 Prozent zurückverfolgen kann.

Der Fairtrade-Gedanke liegt Hahn am Herzen. »Wir arbeiten direkt mit den Bauern zusammen und zahlen ein Vielfaches des üblichen Tagespreises. Davon können sie besser leben und etwas davon in ihre Plantagen reinvestieren.«

Mittlerweile hat er mit Mitstreitern ein Pilotprojekt in Peru gestartet. Plantagen in den Anden erhalten technische Unterstützung und erhalten Zugang zum europäischen Spezialitätenmarkt. Rund zwölf Tonnen Bohnen der Sorten Arabica und Robusta röstet Hahn pro Jahr – zuvor wurden die Pflanzen ohne Einsatz von Chemie und Pestiziden angebaut. Vornehmlich aus Kolumbien importiert er den Rohkaffee, aber auch aus Brasilien oder Nicaragua. Sein Wissen gibt er in seiner Karlsruher Kaffeeschule weiter. Interessierte werden in Sensorik geschult oder erhalten eine einführende Schulung zum Homebarista. In seinem Laden im Bergwald kommen immer wieder Gourmets vorbei, um gezielt und in Ruhe eine seiner Röstungen zu genießen. Dank des Online-Geschäfts beliefert er Kunden und Gastronomie in ganz Deutschland. Hahn bewegt sich im High-End-Bereich. »Direkt gehandelt und frisch geröstet«, lautet sein Motto. Abstriche in der Qualität kämen für den 39-Jährigen, dem helle Röstungen am Herzen liegen, nie infrage. Die Nuancen seiner Röstungen reichen von fruchtig-floral über karamellig bis zartbitter.

LAGE: Good Karma Coffee, Elsa-Brandström-Str. 8, 76228 Karlsruhe-Bergwald, www.goodkarmacoffee.de

ÖFFNUNGSZEITEN: dienstags und freitags 10.00–18.00 Uhr, samstags 10.00–14.00 Uhr

HALTESTELLE: Bergwald Mitte

KARLSRUHE

ENTRÜCKTES JAGDPALAIS

Gut Scheibenhardt

Es liegt relativ zentral, aber doch irgendwie auch etwas abseits der Wege. Die Rede ist vom Gut Scheibenhardt auf der Gemarkung von Bulach. Vermutlich kennen nicht einmal viele Karlsruher das verwunschen wirkende ehemalige Jagdschloss aus dem Jahr 1700. Umgeben ist es von einem ringförmigen Wall und Gräben. Ein Kiesweg führt vorbei an zwei Wachhäuschen zu dem malerischen, entrückt wirkenden Anwesen. Seit Ende der 1960er-Jahre ist hier eine Dependance der Karlsruher Kunstakademie untergebracht.

Früher, und heute wird es nicht anders sein, gab es an dem etwas obskur wirkenden Ort die besten Feten der Stadt – organisiert von den dort werkenden Kunststudenten. Man fuhr damals mit dem Rad über verschlungene Wege durch die Nacht ins Niemandsland – raus aus dem Zentrum, vorbei an einem Umspannwerk, angelockt von den Fackeln des Hofguts. Das hatte was von Stanley Kubricks »Eyes Wide Shut« – selbstredend nur, was das Ambiente betrifft.

Rund 60 Studierende besuchen aktuell drei Klassen in dem Barockbau. Drei Professoren unterrichten sie in Malerei und Bildhauerei. Die Kunstakademie hat einen guten Ruf. Bekannte Künstler wie Georg Baselitz, Markus Lüpertz oder Emil Wachter unterrichteten oder studierten an ihr.

Das Hofgut Scheibenhardt wurde einst für Markgraf Ludwig Wilhelm von Baden-Baden, »Türkenlouis« genannt, zu dessen Jagdpalais ausgebaut. Im Krieg gegen Frankreich zu Beginn des 18. Jahrhunderts war Scheibenhardt gar in die Verteidigungslinien gegen den damaligen Erbfeind integriert. Erweitert wurde die Anlage unter Ludwigs Witwe Franziska Sibylla Augusta und modernisiert 1754 durch Markgraf Ludwig Georg. Das Gebäude zählt zu den Immobilien des Landes Baden-Württemberg und leidet unter hohem Sanierungsstau. Nachbar des herrschaftlichen Anwesens ist der Golfclub Scheibenhardt. Rund um das Schloss kann man wunderbar spazieren. Eine Baumallee, viel freie Sicht und Natur in Stadtnähe laden dazu ein.

LAGE: Schloss Scheibenhardt, 76135 Karlsruhe, an der südlichen Stadtgrenze hinter Bulach und Oberreut Richtung Ettlingen, www.kunstakademie-karlsruhe.de

HALTESTELLE: Bulach Friedhof

KARLSRUHE

HALBRUND MIT BRUNNEN

Haydn-Platz

Einer der schönsten Plätze Karlsruhes ist der Haydn-Platz in der Weststadt. Das grüne Halbrund mit seinem zentralen Element, dem Brunnen, lockt im Sommer viele Flaneure an und Menschen, die hier auf einer der Parkbänke ihre Mittagspause verbringen. Das badische Generallandesarchiv, das Helmholtz-Gymnasium und etliche Behörden sind nicht fern.

Eingefasst ist der streng symmetrisch gestaltete Platz an der Hildapromenade von herrschaftlichen, großbürgerlichen Häusern im Stil des Royal Crescent im südenglischen Bath, und von ihm gehen strahlenförmig drei Straßen aus. Zunächst wurden zwischen 1903 und 1913 drei Gebäude errichtet. 1913 begannen die Arbeiten für den eigentlichen Platz. Auch Merkmale der französischen Gartenarchitektur kamen hier zur Geltung.

Der Bevölkerung übergeben werden sollte der malerische Platz im Jahr 1915 zum 200. Stadtgeburtstag. Dazu kam es allerdings nicht. Der Erste Weltkrieg machte diesem Ansinnen einen Strich durch die Rechnung. Das geplante vierte Gebäude im Westen und zwei weitere Torbögen über den Straßen kamen nicht mehr zustande. 1916 konnte jedoch der Fontänenbrunnen in Betrieb gehen. Der Platz wurde in den 50er-Jahren auf dem bis dahin unbebauten Grundstück durch ein Gebäude im damaligen Stil ergänzt.

Zentrales Element der vom Architekten Heinrich Sexauer geplanten Anlage ist die terrassenartige Brunnenanlage aus oberfränkischem Muschelkalk. Erst seit 1973 wird sie von zwei Figuren aus der griechischen Mythologie – Orpheus und Eurydike – flankiert, die der Künstler Emil Sutor statt der ursprünglich vorgesehenen Skulpturen zweier Rossebändiger kreierte. Die Figuren beziehen sich auf das umliegende »Musikerviertel«, dessen Plätze und Straßen nach Komponisten wie Beethoven oder Mozart benannt sind. Sutor ist für eine weitere prägnante Plastik im Stadtleben verantwortlich, die vielen als Treffpunkt dient. Gemeint ist »Der Nackte Mann« vor dem Haupteingang des Wildpark-Stadions. Er wird im Zuge von dessen Umbau zu einer Arena dort seinen Platz verlieren.

LAGE: Haydn-Platz, Nördliche Hildapromenade, 76133 Karlsruhe-Weststadt, https://stadtlexikon.karlsruhe.de

HALTESTELLE: Mühlburger Tor

KARLSRUHE

IDYLL AM RHEINUFER

Hofgut Maxau

Idyllischer geht es kaum. Direkt am Rhein gelegen ist das Hofgut Maxau. Für Genießer, die eine regionale Küche schätzen, ist das Hofgut im Landschaftspark Rhein geradezu ideal. Hier werden badisch-elsässisch-pfälzische Gerichte mit viel Passion zubereitet. Mitten im deutsch-französischen PAMINA-Rheinpark ist Hofgut-Betreiber Andreas Schmid im Übrigen nicht nur Gastronom, sondern auch Landwirt. Der Agrarbiologe ist Doktor der Agrarwissenschaften und weiß genau, wo seine Grundprodukte herkommen. Am Hofgut hält er unter anderem Aberdeen-Angus-Rinder in Mutterkuhhaltung und bestellt die Äcker. Sein Getreide liefert er an die Marktgemeinschaft Kraichgaukorn. Auch das ist eine Besonderheit in Maxau: Im dazugehörigen Hofladen kann man Produkte der Region erstehen.

»Der gute Boden ist unsere Basis. Auf Spritzmittel verzichten wir. Hervorragende Lebensmittel aus unserer Region heißt unser Credo, oder: Bestes aus gutem Grund«, sagt Schmid. Was er nicht selbst produziert, bezieht er aus der Gegend, Kartoffeln und Zwiebeln beispielsweise aus der Vorderpfalz. Es gibt ferner Kooperationen mit heimischen Winzern. Andreas Schmid, der aus Rüppurr stammt, und sein Küchenchef stehen für eine regionale und saisonale Küche – Leckeres vom Land, authentische Produkte und traditionelle Hausmannskost. So darf das Hofgut am Knielinger Rheinufer (mit barrierefreiem Zugang) auch auf eine Auszeichnung im Genussführer Slow Food verweisen.

Stolz ist Schmid auf sein Hofgut-Bier »Maxauer naturtrüb«. Die Gerste aus Maxau wird von Hatz-Moninger eingebraut und in einer Bügelflasche angeboten oder kommt direkt aus dem Zapfhahn im gemütlich eingerichteten Restaurant. Wenn es wärmer wird, gibt es einen netten Biergarten hinter dem Hauptgebäude mit Sommerfrische-Flair. Zudem liegt dem Agrar-Gastronomen die Naturpädagogik am Herzen. Die Kenntnisse über die Natur möchte er weiter ausbauen. »Wenn die Menschen diesen Kreislauf verstehen, ist schon viel erreicht«, so der 49-Jährige.

LAGE: Hofgut Maxau, Maxau am Rhein 24, 76187 Karlsruhe-Knielingen, www.hofgutmaxau.de

ÖFFNUNGSZEITEN: donnerstags bis samstags 16.00–23.00 Uhr, sonntags 11.00–23.00 Uhr

HALTESTELLE: Maxau

KARLSRUHE

MODE FÜR DEN KOPF

Hut-Linde

Ja, vermutlich gehöre ich zu einer aussterbenden Art«, sagt Dietlinde Ambos alias Hut-Linde und lacht. Die Karlsruherin ist Hutmacherin, und tatsächlich gehört sie zu den wenigen, die noch ganz traditionell Hüte herstellen. In der Fächerstadt zumindest ist sie die Letzte, die das aus der Mode gekommene Handwerk hegt und pflegt.

In Küssnacht in der Schweiz ging die frühere Dozentin der Pädagogischen Hochschule für Textiles Werken in die Kurzlehre bei einem alten Handwerksmeister, und seit etlichen Jahren stellt sie nun selbst ihre vielfältigen Kreationen in Eigenarbeit her: klassische Charleston- oder Borsalino-Hüte, Topfhüte, Strohhüte mit breiten Krempen oder sogenannte Fascinators, die man sich ins Haar steckt. Eine Renaissance für die Kopfbedeckung will sie ausgemacht haben. »Gerade die royalen Hochzeiten in Großbritannien faszinieren die Menschen und haben eine große Außenwirkung. Dort geht man ja nicht ohne Hut. Oder bei den Pferderennen der Upper Class in Ascot gehört die Kopfbedeckung natürlich mit dazu.« Im Badischen geht es eine Nummer kleiner. Aber auch bei den Pferderennen in Iffezheim zeigt so mancher Promi ausgefallene Kreationen.

Eines hat die Badenerin längst festgestellt: »Wenn eine Frau einen Hut aufsetzt, bekommt sie gleich eine ganz andere Ausstrahlung. Da wird manch graue Maus zur echten Lady.« In den 1950er-Jahren galt es noch als unschicklich, ohne Hut das Haus zu verlassen. Viele Redewendungen, die sich im Sprachgebrauch eingebürgert haben, zeugen von der Allgegenwärtigkeit der Kopfbedeckung im kollektiven Gedächtnis. »Nicht umsonst heißt es ja, wenn eine Frau heiratet, dann kommt sie unter die Haube. Man wirft den Hut in den Ring oder: Da geht mir die Hutschnur hoch. Ich könnte über die semantische Bedeutung fast eine Abhandlung schreiben«, sagt Ambos. An dem Handwerk des Modisten, so heißt der Hutmacherberuf heute, gefällt ihr, dass es so vielfältig ist: Filzen, Dämpfen, Trocknen, Nageln, Schneidern, Dehnen, Nähen – all das gehört mit dazu. »Man arbeitet mit unterschiedlichen Materialien – Filz, Leder oder Stroh. Gerade das Kreative daran macht mir unheimlich Freude«, betont »Hut-Linde«.

LAGE: Atelier Hut-Linde, Geranienstraße 11, 76185 Karlsruhe-Weststadt, www.hutlinde.de

KARLSRUHE

MEDITATION MIT TEE

Japangarten

Er ist einer der ältesten Japangärten in Deutschland und ein lebendiges Zeichen für die Freundschaft der Fächerstadt mit dem ostasiatischen Inselstaat. Mehr als 100 Jahre existiert das asiatische Kleinod im Zoologischen Stadtgarten bereits und wurde während dieser Zeit permanent ausgebaut. Die Anfänge datieren auf das Jahr 1913, als ein Karlsruher Arzt eine japanische Steinleuchte sowie Samen und Pflanzen ins Badische brachte. Die Anregung, einen Japangarten zu errichten, nahm der damalige Gartendirektor Friedrich Ries bereitwillig auf. 1927 kam ein Shintoschrein aus Nagoya hinzu, 1938 folgte eine dreizehnstöckige Pagode. In den Folgejahrzehnten bereicherten zahlreiche Originalelemente aus Asien wie ein Zen-Garten, Steinlöwen, Steinlaternen und eine Steinbrücke das malerische Areal.

Der Japangarten wurde schließlich eines der Highlights der Bundesgartenschau (BUGA) 1967 in Karlsruhe mit großem Publikumszuspruch. Und er ist zweifellos nach wie vor ein stilles, besinnliches Stück Stadtgarten mit dem Hauch des Exotischen. »Dieser Garten ist ein beeindruckendes und authentisches Zeugnis traditioneller japanischer Garten- und Glaubenskultur«, berichtet Shinsuke Toda, stellvertretender japanischer Generalkonsul in Deutschland. Und: »Er ist definitiv einer der schönsten Japangärten Deutschlands, der zugleich Meditation und Entspannung verspricht«, fügt der Konsul hinzu. Sehr am Herzen liegt das »kleine Stück Japan« in der Südweststadt auch Teruko Matsushima-Fritz, der Vorsitzenden der Deutsch-Japanischen Gesellschaft Karlsruhe.

Seit dem Frühjahr 2018 gibt es im Japanischen Garten ein eigenes Teehaus. In regelmäßigen Abständen werden hier nun Teezeremonien aus dem Land der aufgehenden Sonne zelebriert, nach einer Tradition, die auf das 16. Jahrhundert zurückgeht. Das streng nach Protokoll ausgeführte Ritual mit fest vorgeschriebenen Handgriffen soll für Kontemplation und innere Balance sorgen. Der Garten befindet sich vom Zoo-Eingang am Festplatz aus rechter Hand.

LAGE: Zoologischer Stadtgarten, Ettlinger Str. 6, 76137 Karlsruhe, www.karlsruhe.de/b3/freizeit/zoo.de

ÖFFNUNGSZEITEN: täglich 9.00–16.00 Uhr, im Sommer länger

HALTESTELLE: Kongresszentrum, Konzerthaus

KARLSRUHE

KATZE AUF DEM SPRUNG

Kindergarten von Tomi Ungerer

Welches Kind kann schon von sich behaupten, in einen Katzenkindergarten zu gehen? Der Nachwuchs im Karlsruher Ortsteil Wolfartsweier kann dies durchaus. Gestaltet wurde das Unikum vom elsässischen Universalkünstler, Grafiker und Illustrator Tomi Ungerer. Für die Umsetzung waren die Architekten von Yöndel Zimmerlin zuständig. Und so spazieren die Kinder des Stadtteils täglich durch das Maul der Katze in ihre Kita.

Ein roter Teppich symbolisiert die Zunge. Die Fenster-Augen der gigantischen Mieze fluten das Interieur des Gebäudes mit Tageslicht. Verlassen können die Kinder das Haus, indem sie fröhlich-heiter eine Rutsche nehmen, die zugleich ein Katzenschwanz ist. In den Augen, Ohren und Pfoten bieten sich allerlei Nischen zum Spielen und Toben.

Rund 1,5 Millionen Euro hat das extravagante Gebäude gekostet, etwa 100 Jungen und Mädchen werden darin pädagogisch betreut. Es hätte sich wohl kaum eine geeignetere Person als Tomi Ungerer gefunden, solch ein fantasievolles Gebäude zu entwerfen. Schließlich hat der Franzose, der zuletzt in Irland lebte, rund 100 Kinderbücher gezeichnet. Mit seiner Bildgewalt galt der Elsässer als Enfant terrible der Illustrationskunst. Seine bissigen, schalkhaften Karikaturen gingen um die ganze Welt. Der Straßburger war ein Mann der Superlative. Rund 30 internationale Auszeichnungen erhielt er für sein künstlerisches und politisches Engagement. Ungerer war unter anderem Träger des Bundesverdienstkreuzes, Offizier der französischen Ehrenlegion und Ehrenbürger von Karlsruhe. In seiner Heimatstadt Straßburg existierte schon zu Lebzeiten ein Museum zu seinen Ehren im Quartier allemand.

Für die Rechte der Kinder hat der überzeugte Humanist stets Partei ergriffen und schließlich 2002 »die Katze«, wie sie von allen nur genannt wird, realisiert. »Das ist in meinem bisherigen Leben das Werk, das mir zweifellos am meisten Spaß gemacht hat«, sagte der Künstler, der Anfang 2019 verstarb, über seine »Katze auf dem Sprung«. Viel Unterstützung für das ungewöhnliche Projekt erhielt er vom damaligen Leiter des städtischen Hochbauamts Lars Dragmanli.

LAGE: Kita Katze, Wettersteinstraße 16a, 76228 Karlsruhe-Wolfartsweier

HALTESTELLE: Wolfartsweier Süd

KARLSRUHE

MERCEDES-FLÜSTERER

Kirschinger & Sohn

Wohin man in der Werkstatt von Karl Christof Kirschinger auch schaut, sieht man Vehikel in verschiedenartigem Zustand des Verfalls. Automobile Leichen, denen der 67-Jährige mit seinem Team neues Leben einhaucht. Kirschinger restauriert Mercedes-Benz-Modelle – und zwar ausschließlich aus den 1930er- bis zu den 1960er-Jahren. Der gebürtige Schwabe, der in seiner Werkstatt in der Karlsruher Oststadt tüftelt, ist nicht irgendein Schrauber. Auf dem Gebiet der Karosserieaufbereitung und Komplettrestaurierung ist der Wahl-Badener eine echte Koryphäe. Seine Kundschaft ist international, kommt aus Frankreich, der Schweiz oder Skandinavien.

»Unsere Spezialität ist der Holzblechverbund-Karosseriebau. Das hat sich herumgesprochen. Es gibt nicht mehr so viele, die so wie wir handwerklich arbeiten«, sagt der Ingenieur. Kirschinger ist Hausmechaniker einer Vereinigung mit Namen »Tribut an Carl Benz«, die immer wieder Oldtimer-Touren veranstaltet.

Ihm stehen in seiner 1974 eröffneten Werkstatt Schreiner, Wagner, Blechner und Mechaniker zur Seite. Gelegentlich wird auch ein Sattler hinzugerufen. Die Fahrzeuge sind oft in einem beklagenswerten Zustand, wenn sie bei ihm ankommen. Genau deshalb vertrauen die Mercedes-Liebhaber ihre Lieblinge Christof Kirschingers fachmännischen Händen an.

»Wir arbeiten gerade an einem Mercedes Benz 170 Vb aus dem Jahr 1953. Ein Kunde aus Schweden hat ihn gebracht. Er hat noch den Originallack. Das ist schon was Besonderes«, sagt der passionierte Schrauber, der im Übrigen einen Grundsatz hat: »Wir machen immer genau das, was das Auto benötigt. Nicht, was der Kunde an Schnickschnack wünscht.« Ein Prinzip, das in der heutigen kundenorientierten Zeit etwas antik daherkommt. Aber Kirschinger sieht sich als Handwerker, der nur Dinge macht, die Hand und Fuß haben. Modische Extravaganzen sind dem nüchternen Techniker eher fremd. Und wenn eine Restaurierung mal 2000 Arbeitsstunden benötigt, dann sei das nun mal so, meint der Automobilspezialist alter Schule, der nur ungern Kompromisse eingeht.

LAGE: Kirschinger & Sohn, Kriegsstraße 40a, 76131 Karlsruhe-Oststadt, www.kirschinger.de

KA-06454

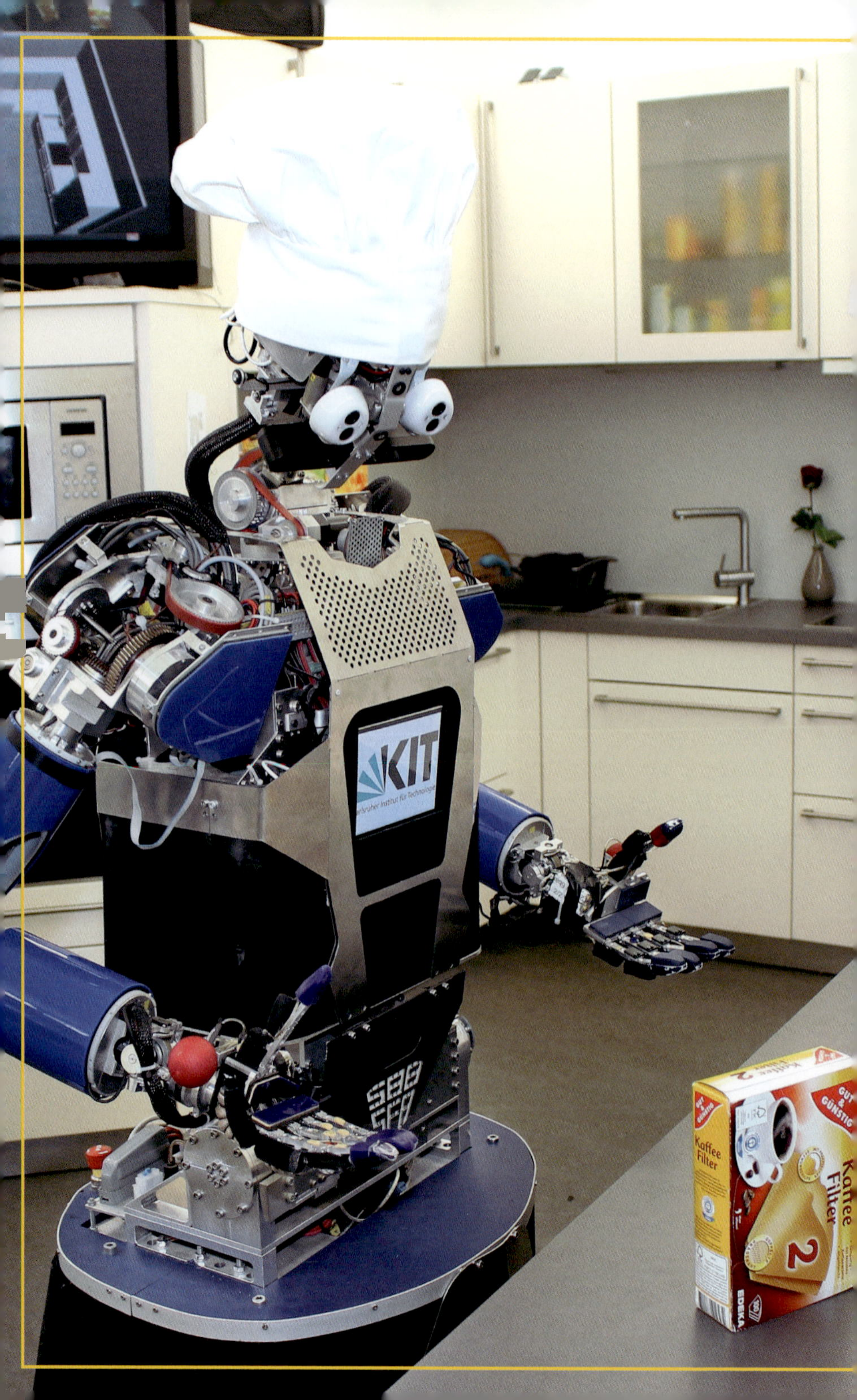
KIT
Kaffee Filter
GUT & GÜNSTIG
Kaffee Filter
2
EDEKA

KARLSRUHE

SERVILE KÜCHENHILFE

KIT Robotik

»Armar 3« ist ein umgänglicher Zeitgenosse und äußerst zuvorkommend. Der menschenähnliche Haushaltsroboter agiert gerne als Chef de Cuisine in der heimischen Küche. In diesem Falle in der nachgebauten Küche des Karlsruher Instituts für Technologie (KIT). Es hat ein wenig den Hauch von Science-Fiction, wenn der humanoide Roboter mit Kochhaube so vor sich hin werkelt. Er kann mal eben den Tisch abräumen, eine Packung Reis aus dem Küchenschrank holen oder ruck, zuck die Geschirrspülmaschine beladen. Dazu hat »Armar 3« eine wohltönende Stimme und ist stets zu Diensten. Servilität als Programm.

»Er hat eine Wissensdatenbank und kann sogar Menü-Vorschläge machen«, sagt Fabian Paus, der mit Markus Grotz die freundliche Küchenhilfe programmiert. Beide sind Doktoranden am Institut für Anthropomatik und Robotik des KIT und füttern »Armar 3« mit Algorithmen.

Es ist faszinierend zu beobachten, wie »Armar 3« die an ihn gestellten Aufgaben erledigt. »Bitte mal die die Packung mit Kaffeefiltern auf dem Küchentisch abräumen.« Kein Problem, die Ein-Mann-Robo-Küchenbrigade bestätigt freundlich die gestellte Aufgabe und bewegt sich mittels omnidirektionaler Räder hin zum Tisch. Die Augen rollen, er schaut erst mal und checkt die Lage. Die Packung erkennt er aufgrund des Musters. Dann werden ganz entspannt die Arme ausgebreitet, kurz wird »überlegt«, welcher Arm dem Objekt am nächsten ist, und schon greift der Roboterarm geschmeidig die Packung Filtertüten. Der Betrachter staunt erst mal stumm.

»Er hat Hände mit pneumatischer Unterstützung. Die funktionieren sehr sensibel«, erläutert Paus. Selbst rohe Eier kann die kabellose Küchenhilfe mit ihren Greifern balancieren. Alltägliche Aufgaben in der Küche erledigt »Armar 3« selbstständig. Mittels 3-D-Laserscannern macht sich der Roboter ein dreidimensionales Bild und kann so seine komplette Umgebung »sehen«. »Armar 3« ist sogar fähig, Bewegungsabläufe, die ihm vorgeführt werden, nachzuahmen und zu speichern. Allerdings: Bis zur Marktreife ist es noch ein weiter Weg.

LAGE: Institut für Anthropomatik und Robotik, KIT-Campus, 76131 Karlsruhe, www.informatik.kit.edu/1323.php

KARLSRUHE

INNOVATIVE AUFTRITTE

Kohi Kulturraum

Karlsruhe hat mittlerweile etliche Konzertorte, an denen Fans von Indie- und Underground-Rock auf ihre Kosten kommen. In den 1980er- und 1990er-Jahren sah dies noch ganz anders aus. Damals wurde meist der »Schwimmbad-Club« in Heidelberg angesteuert, um Punk- oder New-Wave-Bands in ihrem Zenit zu sehen. Die Punkrock-Bar »Alte Hackerei« oder das »Substage« am Alten Schlachthof befriedigen heutzutage hier den Durst nach »alten Helden« oder frischen innovativen Bands. Relativ zentral ist das »Kohi« angesiedelt. Am Werderplatz in der Südstadt wird in dem Club seit 2007 permanent, auch an Wochentagen, der (Sub-)Kultur gefrönt. Vernissagen, Open Mic (offene Bühne), Poetry Slams, Lesungen, Kohi meets Querfunk (Kooperation mit unabhängigem Radiosender) finden dort statt. Zudem spielen in dem Miniclub, in den rund 100 Leute passen, ständig feine Indie-Bands auf.

Ehrenamtliche sowie ein Festangestellter sorgen dafür, dass im »Kohi Kulturraum« stets etwas Interessantes geboten ist. Interessant ist im Übrigen auch das Konzept des Clubs. Organisiert ist das »Kohi« in Form eines Vereins. Wer ein Konzert besucht, zahlt keinen Eintritt, sondern 7 Euro Mitgliedsbeitrag. Innerhalb dieser Test-Mitgliedschaft kann man eine Woche lang alle Veranstaltungen besuchen und eventuell vollwertiges Member werden. Ob Lesungen zur Neue-Deutsche-Welle-Legende DAF, Spoken-Word-Performances des Ex-Spermbirds-Sängers Lee Hollies oder kompletter Wall of Sound – für ein Minientgelt wird viel geboten.

Enorm war der Andrang beispielsweise Ende 2018 beim Konzert von Indie-Newcomer Drangsal. Eine derartige Schlange hatte der Club selten gesehen. New-Wave- und Synthie-Pop-Ohrwürmer beim »Heimspiel« des Pfälzers sorgten für tanzende und schwitzende Leiber. Und so was passiert des Öfteren in dem bei Pop-Connaisseuren beliebten »Kohi« – wenn New-Wave-Veteranen wie »The Monochrome Set« oder angesagte neue Bands wie »Die Nerven« mit ihrem Postpunk-Sound auftreten. Innovativer Pop oder kontroverse Lesungen: An dem Südstadt-Club kommen Kulturinteressierte kaum vorbei.

LAGE: Kohi Kulturraum, Werderstraße 47, 76137 Karlsruhe-Südstadt, www.kohi.de

HALTESTELLE: Werderstraße

20h
Mind
UWE

RICARD
GET AWAY
Let's
GET AWAY
CHASE YOUR DREAMS

KARLSRUHE

EIN PLATZ FÜR TRÖDEL

Krempel-Tempelchen

Alte Radlampen um 1900, Thermometer aus Emaille, Kerzenständer aus napoleonischer Zeit, Schiebermützen, alte Arzttaschen, Ricard-Karaffen oder Tim-und-Struppi-Comics: Im Krempel-Tempelchen am Lidellplatz kommt der Schatzsucher wahrlich auf seine Kosten. Allerdings muss er sich erst durch einen Berg von Gegenständen kämpfen. Im ersten Sperrmüllkaufhaus Badens, das seit mehr als 25 Jahren existiert, können Flohmarkt-Fans nach Herzenslust stöbern.

Zunächst eröffnete Beate Koch ihren Trödelladen auf dem Mühlburger Tempel-Areal, ehe sie sich in die östliche Innenstadt aufmachte. Historisches liegt der 56-Jährigen seit jeher am Herzen. »Ich habe Spaß an alten Dingen. Ich entreiße Objekte der Vergessenheit. Ich mag Design und Mechanik. Früher hatten die Dinge eine ganz andere Lebensdauer. Vieles konnte man leicht reparieren«, erklärt die Daxlanderin. Mit Technik kennt sich Beate Koch aus. Sie ist diplomierte Bauingenieurin und arbeitete im Autobahnbetriebsamt. Sie sattelte noch ein Lehramtsstudium drauf und unterrichtete technische Fächer. Heute konzentriert sie sich jedoch freiberuflich auf Coaching und Supervision. Zudem unterstützt sie Flüchtlinge in Rechtsfragen.

Und da wäre ja noch ihr Krempel-Tempelchen. »Ich weiß auch nicht, wie ich das alles über die Jahre so hinbekomme«, sagt Koch schmunzelnd. Zumal: Den Sommer verbringt sie regelmäßig in Frankreich in der Nähe von Bordeaux. Dort hat sie ebenfalls einen Trödelladen, und zwar am Meer. Im Winter zieht die Frau, die von Haus aus frankophil ist, wieder in ihr 300 Jahre altes Haus in Daxlanden und betreibt ihren Laden am Lidellplatz.

»Frankreich ist für mich Entschleunigung pur. Wenn ich wieder hier bin, wundere ich mich immer, wie schnell die Leute unterwegs sind«, meint die Pendlerin achselzuckend. Sie schätzt besonders Art-déco-Design. Ihre ausrangierten Dinge erhält sie meist aus Entrümpelungen oder von alleinstehenden Personen. Schließlich ist ihr Laden seit fast drei Jahrzehnten in Karlsruhe bestens bekannt.

LAGE: Krempel-Tempelchen, Markgrafenstraße 40, 76133 Karlsruhe (Lidellplatz)

ÖFFNUNGSZEITEN: 1. November bis 30. Mai mittwochs 15.00–18.00 Uhr, samstags 13.30–18.00 Uhr

HALTESTELLE: Kronenplatz

KARLSRUHE

LEUCHTENDE GLASKUNST

Künstler Rudi Fielitz

Es war Malerfürst Markus Lüpertz, der Rudi Fielitz einst prophezeite: »Rudi, du wirst deinen Weg schon gehen.« Fielitz, der Künstler aus Mecklenburg, der seit mehr als 50 Jahren in der Fächerstadt lebt, ging in der Tat seinen Weg. Ob in Zürich, Brüssel, Paris, London oder New York – seine Projekte und Ausstellungen führten den Globetrotter um die gesamte Welt. Heimisch geworden ist er jedoch in der Karlsruher Südweststadt. Den Stil von Fielitz zu beschreiben fällt schwer. Was auffällt, sind die unheimlich vitalen Farben, die den Betrachter sofort in den Bann ziehen.

Die Farben scheinen regelrecht zu lodern, was ihm bereits die Bezeichnung »Farbenkünstler« einbrachte. »Ich male abstrakt, aber in figurativem Stil«, sagt er und fügt hinzu: »Ich möchte mit meiner Kunst auch junge Menschen ansprechen. Auch solche, die mit Kunst bisher nichts am Hut hatten.« Deshalb geht Fielitz auch neue Wege. Statt Galerien wählt er für Ausstellungen beispielsweise auch Underground-Clubs. Berührungsängste hat er ohnehin nicht. Neben der Malerei arbeitet der 75-Jährige auch an Skulpturen und Glaskunst oder werkelt in Sachen »Kunst am Bau«. Viele seine Werke zieren öffentliche Gebäude.

Seine Kundschaft ist längst international. Selbst in Moskau hängt ein Fielitz. Zu seinen Fans zählt auch Angela Merkel. Die Kanzlerin wollte sein Atelier anlässlich eines CDU-Parteitags in Karlsruhe einmal besuchen. Allerdings kam dann die Absage aus dem Kanzleramt – Terminstress. Der Workaholic, der oft mit seinem Lastenrad in der Südweststadt unterwegs ist, hat lediglich ein Prinzip: »Du musst die Farbe im Gefühl haben, das ist das Entscheidende.« Deshalb arbeitet er auch oft bei Kerzenlicht in seinem Atelier bei der Hirschbrücke, die mit ihrem Jugendstil-Design dem Platz einen französischen Touch gibt. Wie ein Künstler im Pariser Viertel Montmartre wirkt der polyglotte Maler, wenn er vor sein Atelier tritt. Dort regiert das geplante Chaos, ein künstlerischer Freiraum. Zudem hat er sich Raum für Vernissagen und kulturelle Events geschaffen. Er lädt auch zu Performances im öffentlichen Raum ein, beispielsweise zu Pop-Art-Events an der Hirschbrücke. Gute Kontakte pflegt Fielitz zudem zum ZKM, dem Zentrum für Kunst und Medien.

LAGE: **Atelier Rudi Fielitz, Jollystraße 25, 76137 Karlsruhe-Südweststadt, www.atelier-fielitz.de**

12
19
INFRATHERMO
1208
1111

KARLSRUHE

BESITZEN NICHT NÖTIG

Leihlokal

»Bei uns kann jeder Dinge ausleihen, die er vielleicht nur einmal im Jahr benötigt. Wir sind gegen die Wegwerfgesellschaft. Dabei verfolgen wir einen nachhaltigen und ökologischen Ansatz«, sagt Cornelia Holsten, Vorsitzende der Bürgerstiftung Karlsruhe. Mitte 2018 eröffnete sie das erste Leihlokal in der Fächerstadt. Es ist das größte in Baden-Württemberg mit rund 200 Quadratmetern und das einzige im Land, das zentrumsnah angesiedelt ist.

Rund 300 Objekte sind derzeit entleihbar. Das Prinzip ist denkbar einfach und vergleichbar mit einer Bibliothek. Zunächst kann man sich auf der Homepage nach einem gesuchten Utensil umschauen. Anschließend werden beim Besuch im Laden die persönlichen Daten aufgenommen. Gegen ein Pfand von 5, 10 oder 20 Euro (je nach Objekt) kann man für acht Tage maximal drei Gegenstände ausleihen. Eine Verlängerung von drei Wochen ist nach Absprache möglich. Werden die Dinge unbeschädigt und in gutem Zustand zurückgegeben, gibt es das Geld zurück. Ob Kaffeeautomat, Fondueset, Bohrmaschine, Bügeleisen, Säge, Häcksler, Hochdruckreiniger, Mikrowelle, Tischgrill, Bobbycar oder Snowboard – zahlreiche Utensilien sind im hinteren Bereich des Ladenlokals untergebracht. Oftmals sind sie fast neu.

Zumeist sind es Gegenstände aus den Bereichen Küche, Handwerk, Garten und Freizeit. Was am meisten entliehen wird? Der erste Gedanke geht in Richtung Bohrmaschine. »Nein, das hat uns auch erstaunt. Vor allem Studenten benötigen ein Tischservice, wenn sie mehrere Gäste einladen. Besteck und Geschirr sind sehr gefragt«, berichtet Cornelia Holsten. Sie sieht es generell als positives Zeichen, dass vor allem junge Leute nicht gleich alles besitzen müssen, was sonst das ganze Jahr nur irgendwo rumsteht und andere wiederum brauchen könnten. »Es ist ja auch eine Platzfrage. Gerade junge Leute haben oft nur ein kleines WG-Zimmer«, fügt sie hinzu. In regelmäßigen Abständen findet zudem ein Reparaturcafé im Laden statt.

LAGE: Leihlokal, Gerwigstraße 41, 76131 Karlsruhe-Oststadt, www.buergerstiftung-karlsruhe.de/leihlokal

ÖFFNUNGSZEITEN: montags, donnerstags und freitags 15.00–19.00 Uhr, samstags 11.00–16.00 Uhr

HALTESTELLE: Tullastraße, Essenweinstraße

KARLSRUHE

KERAMIK-TRADITION

Majolika

George Clooney, Angela Merkel, der Dalai-Lama, Barack Obama, Bill Clinton oder Bono von U2 haben ein Produkt aus dem Hause Majolika in ihrem Schrank – allesamt Preisträger des jährlichen Deutschen Medienpreises in Baden-Baden. Oder, um noch weiter in die Historie zurückzugehen: Filmstars wie Sophia Loren, Rock Hudson oder Gina Lollobrigida erhielten in den 1950er- und 1960er-Jahren der Wirtschaftswunderzeit ein Bambi aus der Karlsruher Keramikmanufaktur. Das vergoldete Rehkitz stand lange als Symbol für die traditionsreiche Werkstatt.

Der badische Großherzog Friedrich I. gründete die Kunstwerkstatt im Jahre 1901. Doch die Manufaktur für hochwertige glasierte Tonware hat wie viele Einrichtungen ihrer Art zu kämpfen. Der Massengeschmack hat sich längst gewandelt, Aristokratie und betuchtes Bürgertum als treue Abnehmer sind längst Geschichte. Es fehlt zudem an Großaufträgen in Sachen »Kunst am Bau«. Eine Stiftung mit monetärer Unterstützung der Stadt hält die Majolika, idyllisch am Rande des Schlossparks gelegen, gerade so am Leben. 2019 plant ein privater Investor, eine Keramikmanufaktur im Schwarzwald, die Übernahme.

Gleichzeitig versucht sich die Majolika mit künstlerischen Aktionen immer wieder die nötige Aufmerksamkeit zu verschaffen. Zum 300. Stadtgeburtstag gab es eine Sonderedition mit Bechern und historischen Reminiszenzen der früheren Residenzstadt. Eine Kooperation mit der Hochschule für Gestaltung sowie Sondereditionen, geschaffen mit einem 3-D-Drucker, sollen junges, urbanes Publikum anlocken. Und: Der »Malerfürst« Markus Lüpertz begann im März 2019 eine Serie von Wandfliesenbildern mit dem Titel »Genesis« für die im Bau befindlichen sieben U-Bahn-Stationen der Stadt. Wenn wie geplant ab 2021 die Bahnen fahren, soll unterirdisch die christliche Schöpfungsgeschichte zu sehen sein. Der Initiator der Kunstaktion und frühere Majolika-Chef Anton Goll erhofft sich durch die Werke von Lüpertz eine Art »Elbphilharmonie-Effekt« für Karlsruhe.

LAGE: Majolika Keramik Manufaktur Karlsruhe, Ahaweg 6–8, 76131 Karlsruhe, https://majolika-karlsruhe.de

ÖFFNUNGSZEITEN: dienstags bis freitags 10.00– 18.00 Uhr, samstags und sonntags 11.30–17.00 Uhr

HALTESTELLE: Marktplatz, Linkenheimer Tor

MAJOLIKA
KERAMIK

Crème de Salidou
Senf Töpfchen
€ 2,20
Senf Sortiment

KARLSRUHE

FRANKOPHIL UND DELIKAT

Markt auf dem Gutenbergplatz

Einer der schönsten Plätze in Karlsruhe ist zweifelsohne der Gutenbergplatz – und zwar vor allem samstags. Denn dann findet der traditionelle Markt an dem Ort mit seinem französischen Flair statt. Ob Croissants oder Éclairs aus dem Elsass, Trüffel aus Italien, Schinken aus dem Schwarzwald, Spargel aus Mittelbaden, Pfälzer Kartoffeln oder Obst und Gemüse aus der Region – Frische der Lebensmittel und hohe Qualität gehen hier in der Weststadt Hand in Hand.

Dies zieht wiederum jahrein, jahraus viele Karlsruher an, die in einem der Cafés vis-à-vis dem Markt gerne einen Espresso trinken, bevor sie sich ins Getümmel stürzen. Zudem ist der Markt, der auch unter der Woche stattfindet, mit über 100 Jahren der älteste der Fächerstadt.

Einer der Händler beim samstäglichen Markttreiben ist Patrick Bouillac aus Straßburg. »Ich bin ein schlechter Verkäufer«, sagt er lächelnd. Dafür ist der Franzose jedoch mit reichlich Charme gesegnet. Jeden Samstag verkauft er Gourmetware aus den Landschaften der Grande Nation: Senf aus dem Burgund, Karamellcreme aus der Bretagne, Kräuter der Provence, luftgetrocknete Salami aus Lyon und Entenleberpastete aus Lothringen. Und dabei unterhält der 52-Jährige mit der Baskenmütze ganz gerne seine Kundschaft.

Früher hat er in Straßburg seine Köstlichkeiten »wild« verkauft. Er funktionierte seine Wohnung kurzerhand zu einem Minirestaurant um und veräußerte die Spezialitäten direkt auf der Straße, stellte ein paar Tische und Stühle hin, fertig. »Aber das ging nur eine Zeit lang gut. Auch in Frankreich gibt es eben Regularien und Gesetze«, meint er verschmitzt. Der Elsässer ist in der Lage, Anekdoten mühelos ins Verkaufsgespräch einzustreuen. Wenn eine Mademoiselle vorbeischaut, dann gibt es für den Bonvivant mit der Baskenmütze kein Halten mehr. Ein freundliches Wort hier, eine Kostprobe da – so schnell hat man wohl selten eine Crème de Salidou über den Ladentisch gehen sehen, und so strahlende Gesichter auf beiden Seiten.

LAGE: Gutenbergplatz, 76135 Karlsruhe-Weststadt

ÖFFNUNGSZEITEN: dienstags, donnerstags und samstags 6.30–13.00 Uhr

HALTESTELLE: Yorckstraße

KARLSRUHE

ROTE ROBEN WIEDER NEU

Maßmode Kerstin Brandt

Kerstin Brandt ist Schneidermeisterin und hat einen ganz speziellen Auftrag. Die Badenerin ist für die »Roten Roben« des Bundesverfassungsgerichts zuständig. Regelmäßig bessert sie die markanten Satingewänder aus, die an die Richtertracht der Stadt Florenz des 15. Jahrhunderts erinnern. Seit 25 Jahren legt nun Kerstin Brandt Hand an die Amtstracht an, die ganz Deutschland in den TV-Nachrichten sieht, wenn es mal wieder heißt: Karlsruhe hat entschieden.

»Für mich ist das schon eine Ehre. Ich wurde damals auf Herz und Nieren geprüft, ehe ich den Auftrag bekommen habe«, erinnert sich die Schneidermeisterin, die ein Atelier im Kreativpark »Alter Schlachthof« in Karlsruhe betreibt. In unregelmäßigen Abständen heißt es nun Kragen austauschen, Gewänder ausbessern, das Jabot oder Beffchen (die weiße Halsbinde, die man auch von Geistlichen kennt) aufmöbeln oder das Barett dem jeweiligen Träger anpassen. Die ehrwürdigen mantelartigen Talare sind »Erbstücke« und werden von Richter zu Richter weitergereicht und nicht jeweils neu angefertigt. Die Gewänder verlassen das Gerichtsgebäude ausschließlich, wenn sie geändert oder ausgebessert werden müssen. Vor allem das Barett sei aufwendig. »Das Umnähen ist kompliziert. Das ganze Prozedere unterliegt strengen Richtlinien. Die Schritte kenn ich auswendig. Aber man muss auch immer ein wenig improvisieren können. Letztlich bin ich Schneiderin, Bastlerin und Hutmacherin in einer Person«, gesteht Kerstin Brandt lachend. Sie ist natürlich nicht nur für die roten Talare tätig. Auch sonstige Kostüm-Maßanfertigungen, Business-Mode oder Hochzeitskleider zählen zum Metier der selbstständigen Schneidermeisterin. Auch wenn sie schon seit vielen Jahren für die Amtstrachten des Bundesverfassungsgerichts (scharlachrot) und des Bundesgerichtshofs (bordeauxrot) zuständig ist – »eine gewisse Ehrfurcht« sei auch nach den vielen Jahren immer noch im Spiel, bekennt sie. »Es sind ja schon majestätische Roben. Zumal sie nur dann zum Einsatz kommen, wenn das höchste Gericht der Bundesrepublik Recht spricht. Da schaue ich im Fernsehen natürlich ganz genau hin, ob alles perfekt sitzt«, sagt die Herrin über die »Roten Roben«.

LAGE: Kerstin Brandt Maßmode, Kreativpark Alter Schlachthof 11c, 76131 Karlsruhe, www.massmode.com

EDUARD VON SIMSON

PEGASUS

KARLSRUHE

FAHREN AM GRÜNEN BAND

NaturRADtour

Mit einer touristischen Radstrecke kann sich Karlsruhe seit Juni 2017 schmücken. Bekanntlich ist Karlsruhe Süddeutschlands Fahrrad-Stadt Nummer eins (bundesweit hinter Münster auf Rang zwei) und mit einer dafür bestens geeigneten ebenen Topografie gesegnet. Nur an echten Routen, welche die grünen Highlights velotechnisch miteinander verbinden, mangelte es bisher. Dies ist nun Geschichte. Auf rund 48 Kilometern geht es bei der NaturRADtour quer durch die Stadt, durch den Hardtwald an den Rhein, am Naturschutzzentrum Rappenwört vorbei, entlang der idyllischen Alb durch die Günter-Klotz-Anlage und durch den Tierpark Oberwald bis nach Durlach.

Gleich mehrere Naturräume durchstreift der Radtourist künftig: die Rheinebene, den Hardtwald und die Kinzig-Murg-Rinne. Die Idee der Velo-Tour ist, urbane und Naturräume miteinander auf umweltfreundliche Weise und emissionsfrei zu verbinden. Rund 350 Streckenschilder wurden dafür eigens platziert. Zudem: Es gibt entlang der Route ausreichend Einkehrmöglichkeiten – sei es im Brauhaus 2.0 in Knielingen oder im schön gelegenen Hofgut Maxau am Rheinufer.

An der »Grünen Route«, die dem aktuellen Boom im Rad-Tourismus Rechnung trägt, haben etliche Akteure mitgewirkt: das städtische Forstamt ebenso wie das Amt für Stadtentwicklung. Zu den Projektpartnern zählen der Radverband ADFC und das Naturschutzzentrum Rappenwört in Daxlanden. Entlang der Velo-Route, die Teil des Projekts »Grüne Stadt Karlsruhe« ist, gibt es immer wieder Ankerpunkte mit vielerlei Infos, beispielsweise im Waldzentrum mit Waldklassenzimmer (über die heimische Tierwelt) oder am Alten Flugplatz (über die ökologische Funktion). Wie an einem grünen Band schlängelt sich die steigungsarme Tour für Pedaleure mit oder ohne E-Antrieb von Durlach bis zum Rheinufer. Zur Orientierung bei der NaturRADtour wurde eigens eine Faltkarte aufgelegt. Für die Tour zwischen Rheinauenwald, Alb und Durlach sollte man zwischen vier und fünf Stunden einplanen. Es existiert auch eine erweiterte Strecke (65,5 Kilometer), die Grötzingen und Ettlingen einschließt.

LAGE: www.karlsruhe-tourismus.de/entdecken/freizeit/radfahren, die Faltkarte gibt es in der Tourist-Information am Hauptbahnhof.

KARLSRUHE

PARKPLATZ FÜR BENZ

Patentwagen in Mühlburg

Eine besondere Ehre wurde posthum dem Pionier des Automobils, Carl Benz, in seiner Geburtsstadt Karlsruhe zuteil. Im Stadtteil Mühlburg, wo der Visionär einst geboren wurde, befindet sich ein »ewiger Parkplatz für Carl Benz«. Am Standort von dessen Haus – heute steht hier das Kaufhaus Woolworth – wurde ein Nachbau des ersten Automobils enthüllt. Mit einer Parkbank und einer Infotafel erinnert er in der Rheinstraße an den Autobauer.

»Karlsruhe kann mit Recht stolz auf Mühlburg und Carl Benz sein. Bürgerschaftliches Engagement hat dieses Monument möglich gemacht. Ein ähnliches Denkmal gibt es nirgends«, betont der frühere Karlsruher City-Manager Sascha Binoth. Eine Frau schlüpfte bei der offiziellen Präsentation in das Kostüm von Bertha Benz, der Gattin von Carl Benz, die 1888 die erste Fahrt im Patent-Motorwagen von Mannheim nach Pforzheim unternahm. Rund 5000 Euro hat der Nachbau des Originalwagens gekostet. Sponsoren machten das Denkmal in Mühlburg möglich.

Bisher gibt es in Karlsruhe eine Carl-Benz-Schule und eine Carl-Benz-Sporthalle. Der Vorsitzende des Mühlburger Bürgervereins, Massimo Ferrini, ist der Initiator des Projekts. »Es müsste noch viel mehr Erinnerungen an den genialen Erfinder in unserer Stadt geben. Schließlich hat das Automobil von Carl Benz die Welt revolutionär verändert.« Ferrini hofft, dass ein Einkaufszentrum, das am Entenfang geplant ist, künftig den Namen Carl-Benz-Center tragen wird.

Der Patent-Motorwagen Nummer 1 ist das erste Automobil mit Verbrennungsmotor. Das Patent für das Dreiradfahrzeug wurde von Benz 1886 eingereicht. Im selben Jahr führte er die erste öffentliche Probefahrt durch. Das Fahrzeug gilt als der erste praxistaugliche Kraftwagen der Welt, somit entstand damals das moderne Automobil. Allerdings erinnert der Patent-Motorwagen auf dem »ewigen Parkplatz« in vielem noch an Fahrrad und Kutsche.

Längst ist das stehende Vehikel eine kleine Attraktion für den Stadtteil, und es hat anfänglichen Vandalismus gut überstanden.

LAGE: Patentwagen Carl Benz, Rheinstraße 22, 76185 Karlsruhe-Mühlburg

HALTESTELLE: Philippstraße

Carl Benz · Geburtshaus

MEDITERRANEA
msc
22G1

KARLSRUHE

KREATIV IM CONTAINER

Perfekt Futur im Alten Schlachthof

Dort, wo einst Schweine auf der Schlachtbank ihrem traurigen Ende entgegenblickten, sind heute Designer, Szenografen, Online-TV-Produzenten, Blogger und Games-Entwickler am Werk. In Karlsruhe wurde das Areal des einstigen Schlachthofs aus dem Jahre 1887 im Osten der Stadt in ein Kreativlabor umgewandelt. Eines der Projekte dieser überaus gelungenen städtischen Konversion nennt sich »Perfekt Futur«. Das Besondere an dem Zentrum für Start-ups liegt darin, dass die jungen Kreativen in echten Schiffsontainern arbeiten.

70 der robusten Transportkisten, die Hafenatmosphäre verbreiten, wurden in der alten Schweinemarkthalle aufgestellt, die zuvor für rund 2,6 Millionen Euro kernsaniert worden war.

Und dort haben nun Absolventen des Karlsruher Instituts für Technologie (KIT), der Hochschule für Gestaltung (HfG) und weiterer Hochschulen ein neues Domizil, um ihre Projektideen zu realisieren. Das Container-Café »alina« und Entspannungszonen sorgen dafür, dass sich die Existenzgründer jederzeit bei einem Plausch vernetzen und gemeinsame Aktivitäten ausbrüten können.

32 Säulen tragen das Doppelschiff der Halle, die Container sind gestapelt und nach einem Raum-in-Raum-Konzept errichtet. Die Mietdauer ist auf drei Jahre befristet, die monatliche Miete beträgt um die 100 Euro.

Die frühere badische Residenz gilt ohnehin als Zentrum der Kreativwirtschaft in Baden-Württemberg. Mehr als 15 000 Menschen arbeiten in der Karlsruher Kultur- und Kreativszene. In der Informationstechnologiestadt Karlsruhe, in der vor mehr als 30 Jahren die erste Internet-E-Mail in Deutschland ankam, hat mit dem Unternehmen »Gameforge« einer der größten Anbieter von Online-Spielen weltweit seinen Sitz.

Das zukunftsweisende Container-Projekt in den alten Backsteinhallen ist so erfolgreich, dass inzwischen nebenan ein neuer Bau entstanden ist, für diejenigen online-affinen Jungunternehmer, die der »Hafenstadt« als Aufbauhilfe längst entwachsen sind.

LAGE: Perfekt Futur mit alina café, Alter Schlachthof 39, 76131 Karlsruhe-Oststadt, www.alterschlachthof-karlsruhe.de, www.alinacafe.de

HALTESTELLE: Tullastraße

KARLSRUHE

VIDEOSPIELE KLASSISCH

Retro Games

Das Ganze ist eigentlich aus einer Schnapsidee entstanden. Irgendwann hat sich eine Gruppe von Videospielfreaks gefunden, und dann haben wir losgelegt. Für viele ist das Nostalgie pur«, erklärt Jörg Lennhof von »Retro Games«. Der Karlsruher Verein, der sich dem Erhalt und der Pflege der Videospielkultur gewidmet hat, ist der erste seiner Art in Deutschland. Im Clubraum in Mühlburg ist eine bundesweit einmalige Sammlung sogenannter Arcade-Spielautomaten zu sehen.

45 Originale wie Pac-Man, Donkey King, Space Invaders, Asteroids oder Tetris lassen vor allem die Herzen derjenigen höher schlagen, die in den 70er- und 80er-Jahren aufgewachsen sind. Dicht aneinandergereiht stehen die wuchtigen Geräte mit ihren Joysticks, überall flimmert und wabert es. Mehr als 70 weitere der Klassiker stehen im Lagerraum. »Die Geräte sind vornehmlich aus der Zeit von 1973 bis 1995. Wir warten und reparieren alle Spielautomaten selber. Das ist noch eine relativ einfache Technik. Da kann man noch richtig schrauben«, erklärt Lennhof. Als »Golden Age« der Videospielgeräte in öffentlichen Räumen nennt der 45-Jährige die Jahre zwischen 1980 und 1984. »Da gab es eine Explosion an Kreativität. Bereits Ende der 70er-Jahre sah man verfeinerte Grafiken«, so der Sprecher des Vereins. Auch klassische Flippergeräte haben neben einem kurzen Einblick in die Spielkonsolen-Geschichte vom Atari 2600 bis zum Commodore 64 oder Nintendo 64 ihren Platz in der Sammlung. »Videospiele sind und waren Teil der Alltagskultur. Dieses Kulturgut möchten wir einfach aufbewahren und zur Verfügung stellen«, erklärt Willy Otto, stellvertretender Vorsitzender des Vereins, der seit 2002 existiert. Christian Keller, Vorsitzender von »Retro Games«, ergänzt: »Diese Maschinen spiegeln einfach den damaligen Zeitgeist wider. Uns interessiert die Historie ebenso wie die technischen Details. Das ist einfach unheimlich spannend«, meint der Chef der Gamer. Alle Geräte sind gewartet und an Clubabenden für die Öffentlichkeit frei bespielbar.

LAGE: Retro Games, Gablonzer Straße 11, 76185 Karlsruhe-Mühlburg, www.retrogames.info

ÖFFNUNGSZEITEN: samstags 20.00–1.00 Uhr, jeden ersten Dienstag im Monat 19.00–23.00 Uhr und nach Vereinbarung

HALTESTELLE: Neureuter Straße

1992
RetroGames
START
START

KARLSRUHE

WELLEN WIE AM MEER

Rheinstrandbad

Zu den Highlights an tropischen »Hundstagen« zählt zweifellos das Rheinstrandbad in Rappenwört, im Volksmund auch Wellenbad genannt. Mit 16 Hektar Gesamtfläche und 3500 Quadratmetern Wasserfläche zählt es zu den größten Freibädern Deutschlands und mit Sicherheit auch zu den schönsten. Im Hochsommer tummeln sich hier täglich bis zu 8000 Menschen – und die wissen auch, warum.

Denn auf die Füße tritt man sich in der malerisch am Rhein gelegenen Anlage kaum. Wer die Kraftfahrzeugkennzeichen des riesigen Naturparkplatzes anschaut, der staunt nicht schlecht: Frankfurt, Stuttgart, Pforzheim. Für viele ist der Besuch des »Rappele« offensichtlich wie ein Urlaubstag, quasi ein »Tag am Meer«. Die Anlage, die 1929 eröffnet wurde, atmet das Feng-Shui der 20er-Jahre. »Form follows function« – das Credo des Bauhauses kam hier zum Tragen. So überrascht nicht wirklich, wie modern die 90 Jahre alte Anlage auch heute noch wirkt. Drei große Becken stehen zur Verfügung. Rutschen kamen 2008 hinzu. Höhepunkt ist aber fraglos der alle halbe Stunde durch Turbinen erzeugte Wellendruck. Dann geht es ab zum Wellenreiten – definitiv ein Riesenspaß für Menschen jeden Alters.

Wer in den 70er- oder 80er-Jahren in Karlsruhe aufwuchs, der stand sicherlich auch mal an den Flipperautomaten im Gastrobereich. Die Pinball-Geräte sind längst Geschichte. Das Restaurant, das wie ein Flughafenterminal aussieht, wird aktuell umgebaut und soll 2020/21 wieder eröffnen. Eine Besonderheit im Bad ist ohne Frage das herrlich entrückt wirkende Milchhäusle. Hier gibt es ausschließlich Molkereiprodukte, sicherlich ein Unikat im zeitgenössischen Bäderwesen. Sportliche Anlagen gibt es reichlich – für Tischtennis, Volleyball oder den Exotensport Ringtennis. Baden in der von Pappeln gesäumten Naturanlage, während auf dem Rhein (dort durfte man früher baden) Schiffe vorbeiziehen …
In jüngster Zeit wurden Planungen zum Hochwasserschutz kritisch diskutiert. So soll eine vier Meter hohe Spundwand am Bad entstehen. Umweltschützer protestieren dagegen.

LAGE: Rheinstrandbad, Hermann-Schneider-Allee 50–54, 76189 Karlsruhe-Daxlanden/Rappenwört, www.ka-baeder.de/freibaeder/rheinstrandbad-rappenwoert.html

ÖFFNUNGSZEITEN: Anfang Mai bis Anfang September

HALTESTELLE: Rappenwört

KARLSRUHE

ERSTES FILMTHEATER

Schauburg

Es ist die kulturelle Institution in der Südstadt und das älteste Kino Karlsruhes. Die Rede ist von der »Schauburg«, die 1929 ihre Pforten öffnete. Die Fächerstadt wies einst eine reichhaltige Kinolandschaft auf. Doch andere Namen wie Luxor, Scala (in Durlach) oder Kurbel sind längst Geschichte. Eigentlich werden am Ort der Schauburg in der Marienstraße bereits seit 1906 Zelluloidstreifen vorgeführt, denn schon im Apollo-Varieté-Theater, das dann zum Kino umgebaut wurde, liefen Filme.

Es sind in erster Linie die sorgfältig ausgewählten Filme, oft aus dem Independent- oder dem Arthouse-Bereich, die das vornehmlich urbane, akademisch geprägte Publikum anlocken. Doch die Besucher kommen auch, weil der einzigartige Charme des Theaters aus den 20er-Jahren sie in eine andere Zeit versetzt. Speziell die geschwungene, gegenläufige Treppe, welche die Noblesse vergangener Tage ausstrahlt (und unter Denkmalschutz steht), ist ein echter Hingucker, und ebenso die goldfarbenen Wände. Drei Kinosäle, mit roten Samtvorhängen dekoriert – der größte mit 350, der kleinste mit gerade mal 61 Plätzen –, sorgen für eine Auszeit von der Realität.

Verantwortlich dafür, dass die Schauburg nie ernsthaft vom Kinosterben bedroht war und stets eine junge, oft studentische Klientel anzog, war der langjährige Betreiber Georg Fricker. Der umtriebige Kino-Enthusiast schuf als Gegenpol zudem den Filmpalast am ZKM, ein Großkino, das vor allem Mainstream-Filme zeigt. Nach seinem Tod übernahm Herbert Born die Schauburg. Mit neuen Events wie dem Widescreen-Festival, dem 70-mm-Film-Festival (die Schauburg gehört weltweit zu den wenigen Kinos, die solche Filme zeigen können) und den Independent Days setzte er neue Akzente. Hinzu kam das Open-Air-Kino-Festival am Schloss Gottesaue während der Sommermonate.

Oftmals werden Filme im englischen Original gezeigt, und zuweilen sind Regisseure bei Premieren anwesend. Regelmäßig wird die Schauburg vom Land mit Preisen für ihr ambitioniertes Programm ausgezeichnet.

LAGE: Schauburg, Marienstraße 16, 76137 Karlsruhe-Südstadt, www.schauburg.de

HALTESTELLE: Rüppurrer Tor, Philipp-Reis-Straße

CINEMA
FRAU MUTTER TIER

KARLSRUHE

MUSIK IM LUSTHAUS

Schloss Gottesaue

Es fällt von Weitem auf – das Schloss Gottesaue in der Oststadt. Auf dem Areal einer früheren Benediktinerabtei wurde das pittoreske Renaissanceschloss nach Plänen des Straßburger Ratsbaumeisters Johannes Schoch 1597 errichtet. Seit 1989 hat hier die Musikhochschule Karlsruhe, die Studenten aus aller Welt anzieht, ihr Domizil.

Infolge des Pfälzer Erbfolgekrieges brannte das Gebäude, das als »Lusthaus« des Markgrafen von Baden-Durlach konzipiert war, bis auf seine Außenmauern nieder. Im Laufe der Jahrhunderte diente das wiedererrichtete Gebäude temporär mal als markgräflicher Fruchtspeicher, Kaserne oder Polizeischule. Bei einem Bombenangriff kurz vor Ende des Zweiten Weltkriegs wurde das Schloss mit seinen dreigeschossigen Türmen großenteils zerstört. Es blieb lange eine Ruine, bis es in den 1980er-Jahren wiederaufgebaut wurde – außen im Stil des 16. Jahrhunderts, innen ausgestattet mit den Annehmlichkeiten der modernen Zeit.

Auch die anderen Bauten des Ensembles wie das ehemalige Kavaliershaus und der Stall wurden für die Musikhochschule neu genutzt. 1991 erhielt die ausführende Architektin Barbara Jakubeit den Hugo-Häring-Preis für ihre Arbeit. Mit der Errichtung des Campus One 2013 entwickelte sich die Hochschule weiter: Für rund 30 Millionen Euro entstand ein Multimedia-Komplex mit einem zusätzlichen Unterrichtsgebäude.

Campus und Renaissanceschloss sind eine gelungene Symbiose eingegangen. Oft ist hier der weltbekannte Karlsruher Komponist Wolfgang Rihm zu Gast.

Vis-à-vis dem schönen orangefarbenen Schlossbau befindet sich ein nettes italienisches Lokal im Grün des Otto-Dullenkopf-Parks. Im »Purino« mit seinem Biergarten versammelt sich im Sommer regelmäßig ein buntes Völkchen bei Pasta oder Pizza. Belebt ist das Schlossgelände mit seinem ganz eigenen Charme zudem über die Sommermonate, wenn die Schauburg hier ihre Open-Air-Kino-Nächte veranstaltet.

LAGE: Schloss Gottesaue, Am Schloss Gottesaue 7, 76131 Karlsruhe-Oststadt, www.hfm-karlsruhe.de

HALTESTELLE: Schloss Gottesaue, Gottesauer Platz

KARLSRUHE

UNTERRICHT UM 1900

Schulmuseum in Palmbach

Trudel Zimmermann ist eine resolute Frau. Wenn sie in ihrem altmodischen Kleid mit einem Stock auf die Tafel deutet, kann man sich durchaus in vergangene Schulzeiten zurückversetzt fühlen. Die 67-Jährige ist »Lehrerin« im Badischen Schulmuseum. Und hier im Karlsruher Bergdorf Palmbach scheint die Zeit vor etwa 100 Jahren stehen geblieben zu sein. Alte Schulbänke, ausgestopfte Tiere an der Wand, historische Karten und Schiefertafeln – willkommen im Jahr 1900, als »schwarze Pädagogik« gerne mit dem Stock praktiziert wurde.

3700 Personen besuchen das Museum pro Jahr. »Historischer Schulunterricht« steht dann auf dem Lehrplan. »Hier lernen Kinder, wie der Unterricht früher war. Sie können Vergleiche mit der heutigen Zeit anstellen«, betont Zimmermann. Manch einer wird wohl heilfroh über die Gnade der späten Geburt sein. Denn was die Frau so hervorholt, lässt ein wenig schaudern. »Das hier ist ein Haselnussstock zur Züchtigung, ab etwa 1940 kam der Rohrstock zum Einsatz.« Ein besonders perfides Instrument kramt sie hervor: eine Eselsmaske, die an alte Horrorfilme erinnert. »Die mussten die Kinder auf dem Heimweg aufbehalten, wenn sie unartig waren. Begleitet wurden sie von einer johlenden Meute von Mitschülern, die sie hänselten. Und zu Hause gab es noch einmal Dresche«, berichtet sie. Die Mädchen hatten es nur ein bisschen leichter, sie trugen eine Eselsmütze.

Auch war die Bestechung der Lehrer offensichtlich weitverbreitet. »Nicht umsonst hieß es: Speck und Eier geben einen Zweier«, so Zimmermann. Zu den Schwerpunkten des »Historischen Unterrichts« zählt das Kennenlernen der Sütterlin-Schreibschrift und der gedruckten Fraktur. Stolz ist die Leiterin auf eine Ausstellung mit Schulbüchern aus aller Welt. Selbst aus Kasachstan, Japan oder Nigeria gibt es Bücher. Eine Schulfibel von 1804 kann man begutachten oder einen 130 Jahre alten Spickzettel. Zudem sind altertümliche Geräte wie eine Bleistiftspitzmaschine oder ein Diaprojektor aus der Zeit um 1900 zu bestaunen.

LAGE: Badisches Schulmuseum, Henri-Arnaud-Straße 7, 76228 Karlsruhe-Palmbach, www.badisches-schulmuseum.de

ÖFFNUNGSZEITEN: jeden ersten Sonntag im Monat 13.00–17.00 Uhr und nach Vereinbarung

HALTESTELLE: Palmbach Kirche

KARLSRUHE

SCHWIMMEN IM WINTER

Sonnenbad

Mit einem kollektiven Sprung ins kühle Nass leitet das »Sonnenbad« im Stadtteil Mühlburg Ende Februar eines jeden Jahres offiziell die Open-Air-Badesaison ein. Das Freibad im Karlsruher Westen ist das erste in ganz Deutschland, das seine Pforten öffnet, wenn es oft noch klirrend kalt ist und zuweilen Schnee liegt. Auch die Betriebszeit ist äußerst außergewöhnlich. Erst Ende November beschließt das Kultbad die Freibadsaison wieder, um dann nur für wenige Monate zu ruhen.

Von unwirtlichen Temperaturen lassen sich die eisenharten Schwimmer unweit des Heizkraftwerks nicht wirklich abschrecken und genießen das Schwimmen im Freien in vollen Zügen – allerdings auch bei angenehmen 28 Grad Wassertemperatur.

Möglich macht das ungewöhnliche Badevergnügen inklusive modernisierter Saunaanlage ein rühriger Freundeskreis mit rund 530 Mitgliedern, welcher der Stadt bei der Finanzierung der Heizkosten unter die Arme greift und die Winterbad-Tradition des »Sonnenbads« seit geraumer Zeit fortführt.

Den Startschuss zur neuen Saison gibt regelmäßig der Karlsruher Bäderamtschef Oliver Sternagel. »Dieses Bad ist etwas ganz Besonderes, weil hier bürgerschaftliches Engagement großgeschrieben wird. Zudem ist es ein Alleinstellungsmerkmal für unsere Stadt«, so Sternagel. Die Freundeskreis-Mitglieder leisten ehrenamtliche Arbeitsstunden im Bad. Kein Wunder, dass Bürgermeister Martin Lenz, der für die Karlsruher Bäderlandschaft zuständig ist, von einem »Leuchtturmprojekt« spricht.

Die »Bahnenzieher« kommen nicht nur aus Karlsruhe. Auch aus der Pfalz, dem Rhein-Neckar-Kreis, Pforzheim oder gar dem Elsass kommen die Sportbegeisterten. Verständlich, denn wo kann man schon mitten im Winter Freibadflair genießen und ungestört Bahnen ziehen, während über dem Wasser eine dampfende Gischt aufsteigt?

LAGE: Sonnenbad Karlsruhe, Am Sonnenbad 3, 76189 Karlsruhe-Mühlburg, www.freundeskreis-sonnenbad.de

ÖFFNUNGSZEITEN: montags, mittwochs und freitags 10.00–20.00 Uhr, dienstags und donnerstags 10.00–22.00 Uhr, samstags und sonntags 10.00–17.00 Uhr, im Sommer länger

HALTESTELLE: Rheinhafen

KARLSRUHE

REICH DER FALTER

Staatliches Museum für Naturkunde

Die Begeisterung für sein Forschungsgebiet ist Dr. Robert Trusch deutlich anzumerken. Der 52-Jährige ist Kurator der Abteilung Entomologie (Insektenkunde) im Staatlichen Museum für Naturkunde in Karlsruhe und einer der führenden Schmetterlingsexperten im Land. Er kann aus einer jahrzehntelangen Tradition in der Stadt auf diesem Forschungsgebiet schöpfen. So betont der Wissenschaftler nicht ganz ohne Stolz: »Wir haben die größte Sammlung von Schmetterlingen des Vorderen Orients weltweit. Was den Fundus aus Afghanistan oder Iran betrifft, kann uns niemand das Wasser reichen.« Mehr als zwei Millionen Exemplare beinhaltet die Sammlung des Museums.

Ein Faible für die farbenfrohen Falter, die es in mehr als 180 000 beschriebenen Arten gibt, hatte Trusch schon von klein auf. »Mein allererster Schmetterling war ein Admiral. Daran kann ich mich noch gut erinnern.« Überhaupt wäre die Wissenschaft ohne die ehrenamtliche Arbeit der vielen Hobbyentomologen, welche die Schmetterlinge fangen und zwecks Präparation ins Glas legen, ziemlich verloren. Etwa 3000 Arten gibt es allein in Baden-Württemberg. Vor allem am Kaiserstuhl, im Rhein-Neckar-Raum oder auf der Schwäbischen Alb sind viele Arten nachgewiesen. »Das liegt auch daran, dass hier viele Ehrenamtliche aktiv sind, die das dokumentieren«, erklärt der Biologe.

Manche Schmetterlinge wie der Apollofalter sind stark vom Aussterben bedroht. Wichtig sei es, die Moore und Feuchtwiesen im Land zu bewahren. Denn diese Biotope seien die letzten Rückzugsgebiete für die Insekten und die Garantie dafür, dass die Vielfalt nicht noch mehr zurückgeht als ohnehin schon, sagt Trusch, der die Umweltministerien von Bund und Land im Kampf gegen das Insektensterben berät. Der Wissenschaftler ist Autor zahlreicher Fachpublikationen und setzt sich für Schutzkonzepte ein. Auch die wechselnden Ausstellungen im Staatlichen Naturkundemuseum am Friedrichsplatz sollen die Menschen für die Thematik sensibilisieren.

LAGE: Staatliches Museum für Naturkunde, Erbprinzenstraße 13 (am Friedrichsplatz), 76133 Karlsruhe, www.smnk.de

ÖFFNUNGSZEITEN: dienstags bis freitags 9.30–17.00 Uhr, samstags und sonntags 10.00–18.00 Uhr

HALTESTELLE: Marktplatz

Tiridates-Pascha ♂
Charaxes tiridates
Regenbogenfalter
Chrysiridia rhipheus
Uraniidae
Zweipunkt-Pascha
Charaxes bipunctatus
Großer Blauer Schwalbenschwanz

KARLSRUHE

ORT DER DEMOKRATIE

Ständehaus mit Bibliothek

Die Karlsruher sind mit Recht stolz darauf. Das Ständehaus im Zentrum war das erste Parlamentsgebäude auf deutschem Boden. Heute ist dort die Städtische Bibliothek untergebracht sowie eine Erinnerungsstätte für die Vorschule des Parlamentarismus in Deutschland. Das Land Baden war im 19. Jahrhundert, auch durch die Einflüsse der Nachbarn Frankreich und Schweiz, weit fortschrittlicher als der Rest der deutschen Lande. Die badische Verfassung von 1818 war eine der freiheitlichsten ihrer Zeit. Seither galten in Baden die Unabhängigkeit der Gerichte, die Abschaffung der Leibeigenschaft, der Fron und des Zehnten, die Reduzierung von Privilegien und Feudalrechten sowie eine Anerkennung der Pressefreiheit. Der damalige Großherzog Karl war für einen absolutistischen Herrscher recht reformfreudig. Die Debattenkultur in der Residenz war stark ausgeprägt und wirkte auch nach außen. 1822 wurde das Ständehaus für die badische Volksvertretung eröffnet.

Nicht zufällig kam es in der Region am Oberrhein zur Badischen Revolution 1848/49, die von den Machthabern jedoch mit aller Vehemenz niedergeschlagen wurde. Dennoch blieb Baden liberal, der Frühkonstitutionalismus und sein Pluralismus trugen Früchte – auch in Form von Frauenrechten. In Karlsruhe, der Hauptstadt des Großherzogtums, entstand das erste Mädchengymnasium Deutschlands.

Zurück in die Gegenwart. 2018 wurde mit einem großen Festakt »25 Jahre Neues Ständehaus« gefeiert. An der Stelle des alten Hauses war nach Kriegszerstörung und Abriss ein Neubau errichtetet worden. Hier nutzen inzwischen in der Bibliothek jährlich rund 220 000 Besucher allerlei Medien. »Einen Ort der Demokratiegeschichte mit so einer hochdemokratischen Einrichtung wie einer Bibliothek zu verbinden, die Medien an alle verleiht – besser geht es nicht. Tradition und Gegenwart werden hier hervorragend miteinander verknüpft«, so Ernst Otto Bräunche, Leiter des Stadtarchivs.

LAGE: Neues Ständehaus mit Dauerausstellung und Stadtbibliothek, Ständehausstraße 2, 76133 Karlsruhe, www.karlsruhe.de/b1/stadtgeschichte/staendehaus.de

ÖFFNUNGSZEITEN: dienstags bis freitags 10.00–18.30 Uhr, samstags 10.00–14.00 Uhr

HALTESTELLE: Marktplatz

KARLSRUHE

KOMMISSAR IM EINSATZ

Tatort Karlsruhe

Wenn Lena Odenthal (Ulrike Folkerts) mit ihrem Kollegen Mario Kopper (Andreas Hoppe) in Ludwigshafen auf Verbrecherjagd geht, ist vieles nicht so, wie es scheint. Die Szenen der ARD-»Tatort«-Folgen mit den beiden Fernseh-Kommissaren wurden nämlich oft gar nicht in der BASF-Stadt, sondern in der Fächerstadt aufgenommen. Vielen Zuschauern ist das gar nicht bewusst.

Einer der Gründe für dieses Manöver ist naheliegend. Der verantwortliche Südwestrundfunk hat seinen Produktionssitz in Baden-Baden, Karlsruhe oder auch Ettlingen liegt für die Dreharbeiten einfach näher als der fiktive Einsatzort der Kommissare in der Pfalz – und somit lassen sich Kosten sparen. Wenn beispielsweise eine Leiche im Containerhafen gefunden wird, handelt es sich meist nicht um den Pfälzer Rheinhafen, sondern um sein Karlsruher Pendant. Gerne wird auch in Durlach gedreht. Besonders das frühere Pfaff-Areal mit seinem industriellen Charme wird immer wieder in Szene gesetzt. Ebenso war der Karlsruher Hauptfriedhof bereits Drehort.

Oliver Langewitz vom Filmboard Karlsruhe gehört zu denjenigen, die sich um Locations für TV- und Kino-Drehs kümmern. Die Location-Scouts suchen den passenden Ort für die jeweilige Szene und sorgen für Drehgenehmigungen.

»Wir haben eine Datenbank, in die immer wieder neue Locations eingepflegt werden. Man versucht, die Vorstellungen des Regisseurs von den Drehorten so gut wie möglich umzusetzen«, erklärt der Filmprofi, der Regisseure wie David Cronenberg oder David Lynch schätzt. »Speziell die Südstadt ist beliebt. Gerne platziert man am Brunnen des Werderplatzes die eine oder andere Leiche«, weiß Langwitz, der mit seinem Filmboard im Kreativzentrum »Alter Schlachthof« in der Oststadt residiert und generell als Ansprechpartner für Filmschaffende fungiert.

Der Regisseur veranstaltet seit fast 20 Jahren zudem die Independent Film Days in der Schauburg. Das Filmtheater in der Südstadt wird jährlich im Frühjahr dann zum Zentrum des unabhängigen Films.

LAGE: Filmboard Karlsruhe, Alter Schlachthof 17c, 76137 Karlsruhe-Oststadt, www.filmboard-karlsruhe.de

Kreuz

KARLSRUHE

BLICK IN DIE FERNE

Turmbergterrasse

Er ist die höchste Erhebung Karlsruhes und eine kleine touristische Attraktion: der Turmberg. Vor einigen Jahren erhielt der Durlacher Hausberg eine ihm zustehende einladende Terrasse. Nun wird hier gepicknickt, relaxed und geguckt – bei gutem Wetter mit Blick bis in die elsässischen Nordvogesen. Und jede Silvesternacht erklimmen Scharen von Menschen den Turmberg, um das Feuerwerk über Karlsruhe zu genießen.

Die attraktive Aussichtsplattform erhielt auch schon höhere Weihen. 2017 wurde sie mit dem Hugo-Häring-Preis ausgezeichnet. Der Architekturpreis kürt seit 1969 Projekte, die für vorbildliches Bauen stehen. Vergeben wird er vom Landesverband des Bundes Deutscher Architekten. Die dringend nötige Neukonstruktion, welche die in die Jahre gekommene bisherige Plattform ersetzt hat, ist mit stylishem Sichtbeton, Überdachung und öffentlichem WC ausgestattet. Sie wurde zum 300. Geburtstag der Stadt Karlsruhe im Jahr 2015 fertig und befindet sich direkt neben den Reben des Staatsweinguts Karlsruhe-Durlach.

Und wie kommt man hoch auf den Berg? Klar, zu Fuß, per Rad oder dem Auto. Aber es gibt noch eine äußerst attraktive Alternative. Immerhin fährt mit der Turmbergbahn die älteste Standseilbahn Deutschlands, die bereits mehr als 130 Jahre auf dem Buckel hat, auf den Berg. Jährlich nutzen rund 100 000 Personen diese angenehme und kurzweilige Fahrt auf den Turmberg, den man schon von Weitem bei der Anfahrt erblickt. Ab 2021 soll die Bahn unten bis zur Straßenbahnhaltestelle verlängert werden. Und wer oben noch einige Stufen nimmt, kann den Turm auf dem Turmberg besteigen oder auf hohem Niveau mit tollem Rundblick essen gehen. Nebenan residiert »Anders auf dem Turmberg«. Das Nobelrestaurant wird geführt von Küchenchef Sören Anders. Der wurde einst, damals 24-jährig, zum jüngsten Sternekoch Deutschlands gekürt. Auch wenn sein aktuelles Restaurant keinen Stern mehr führt, kann man hier hervorragend speisen.

LAGE: Turmbergterrasse, 76227 Karlsruhe-Durlach; Turmbergbahn, Turmbergstraße 18, www.kvv.de/freizeit/freizeitbahnen/bergbahnen.html

ÖFFNUNGSZEITEN: Turmbergbahn von April bis Oktober täglich, von November bis März samstags und sonntags 10.00–17.50 Uhr

HALTESTELLE: Durlach Turmberg

KARLSRUHE

KURIOSE FAHRZEUGE

Verkehrsmuseum in der Südstadt

So richtig vermutet man es nicht, wenn man sich in den Hinterhof in der Werderstraße begibt. Dort in der Südstadt, dem früheren Eisenbahnerviertel, befindet sich – etwas versteckt – das Verkehrsmuseum. Auf drei Etagen und einer Fläche von 1300 Quadratmetern sind zahlreiche Oldtimer-Autos zu entdecken. Eine riesige Miniatureisenbahn-Landschaft im obersten Geschoss lässt Kinderherzen höher schlagen, und die Besucher empfängt ein übergroßes Porträt des Urvaters des Fahrrads Karl Drais.

Den Anfängen des Motorrads (1900–1920) wird im Museum ein eigener Platz gegeben. Ein Karmann Ghia von 1961 ist unweit eines Rolls Royce aus dem Jahre 1929 platziert. Da stehen Luxuskarossen aus den 30er- bis 50er-Jahren, so weit das Auge reicht. Ob NSU-Kettenkraftrad oder eine DDR-Ecke mit einem »Trabbi«, Freunde des Automobils kommen wahrlich auf ihre Kosten. Aber nicht nur die. Hochrad, Draisine und ein Schlitten aus dem Großherzoglichen Fuhrpark – in dem Museum ist manche Kuriosität zu entdecken. Sogar historische Nähmaschinen von Gritzner in Durlach. »Das war die größte Nähmaschinenfabrik Europas der Jahrhundertwende. Auch Fahrräder hat sie produziert. Durlach war eine echte Industriemetropole. Das kann man sich heute gar nicht mehr vorstellen«, sagt Gerhard Schneider, der Leiter des Museums, das von der Deutschen Verkehrswacht betrieben wird.

Schneider hält es mit einigen Helfern in Schuss. »Die Stadt übernimmt Miete, Strom, Wasser und Heizung. Wenn wir diese Unterstützung nicht hätten, dann hätten wir ein Problem«, stellt er fest. Rund 4000 Neugierige besuchen das Museum jährlich – vorwiegend sind es Schulklassen.

Warum in der Stadt der Mobilität mit den Pionieren Drais und Benz das Verkehrsmuseum keinen repräsentativeren Platz zugewiesen bekommt, darauf weiß der Ingenieur auch keine Antwort. In jedem Fall mache man mit einer gehörigen Portion Enthusiasmus und ehrenamtlichem Wirken die nicht sehr üppige monetäre Unterstützung wett.

LAGE: Verkehrsmuseum, Werderstraße 63, 76137 Karlsruhe-Südstadt

ÖFFNUNGSZEITEN: sonntags 10.00–13.00 Uhr

HALTESTELLE: Werderstraße

FORD ‚T' - ‚Tin-Lissy'
VIZEWELTMEISTER'
T/25 · ZYLINDER : 4
2884 cm³
20 / 1800 Umdrehungen
840 kg
65/70 km/h

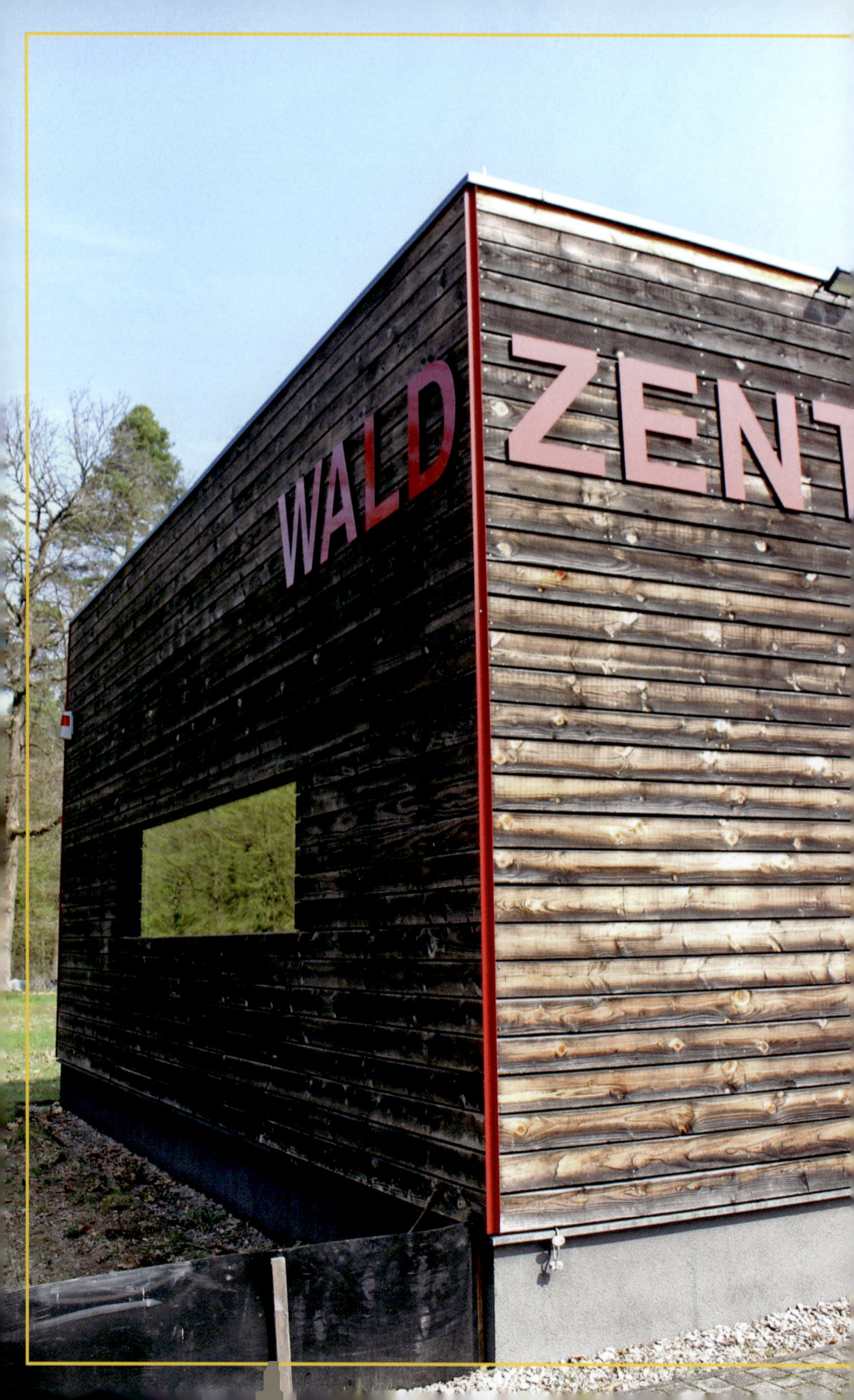
WALD
ZENT

KARLSRUHE

NATUR ZU ERKUNDEN

Waldklassenzimmer

Bereits seit 1996 existiert das Waldklassenzimmer unweit des Adenauerrings. Karlsruhe ist bekanntermaßen eine Planstadt, die vor etwas mehr als 300 Jahren mitten im Hardtwald errichtet wurde. Und in diesem Waldklassenzimmer soll der Nachwuchs den spielerischen Umgang mit der Natur lernen, mehr von der heimischen Flora und Fauna erfahren und für die Umwelt sensibilisiert werden. Das ganze Jahr über finden hier im Hardtwald pädagogische Aktionen statt.

In einem Lehmbackofen werden Speisen wie anno dazumal gebacken, in einer Holzwerkstatt Dinge geschnitzt. Einen Rätselwald gibt es obendrein. Ganz allgemein dient das weitläufige Areal dazu, sich als Entdecker auszuprobieren und den Wald zu erforschen. Vor allem Schulklassen nutzen das Angebot, um zu experimentieren. Periodisch gibt es »Waldtage«, bei denen sich das benachbarte Waldzentrum, das vom Forstamt betrieben wird, der Öffentlichkeit präsentiert.

Dann ist auch in der Regel die Falknerei Karlsruhe vor Ort. Wenn Pierre Kuhlmann seine Weißkopfseeadler präsentiert, dann sind diese – nicht nur bei den Kindern – die Stars des Tages. »Der Weißkopfseeadler kann bis zu 60 Jahre alt werden, seine Flügelspannweite beträgt rund 2,40 Meter«, weiß der Experte, der 18 Greifvögel hält. Beliebt sind auch die Hunde des Jagdgebrauchshundevereins Karlsruhe, der zu den größten der Republik zählt. Was einen guten Jagdhund ausmacht? »Seine Jagdpassion und ein sicheres Wesen«, weiß Heike Geeck, Geschäftsführerin des Vereins.

Regelmäßig gibt es im Waldzentrum Ausstellungen von Kunstwerken mit Naturbezug und Öko-Workshops. Die Besucher erhalten zudem Infos über die nachhaltige Nutzung des Waldes. Ab Frühling 2019 gibt es eine offene Waldspielgruppe für Kleinkinder (0–3 Jahre) und deren Eltern, jeweils montags 14.30–16.00 Uhr. »Nur wenn Kinder den Wert des Waldes zu schätzen lernen, werden sie sich später dafür einsetzen«, macht der frühere Umweltbürgermeister Klaus Stapf deutlich. Ebenfalls ein wichtiger Faktor für das ökologische Verständnis ist das Naturschutzzentrum Rappenwört im Westen der Stadt.

LAGE: Waldklassenzimmer, Kanalweg, 76149 Karlsruhe, www.waldpaedagogik-karlsruhe.de

HALTESTELLE: Am Kanalweg, Schützenhaus

KARLSRUHE

GENUSS MIT REBENSAFT

Weinlade am Gutenbergplatz

Eines steht außer Frage: An Titeln ist Guntram Fahrner keineswegs arm. Der 49-Jährige aus Au am Rhein wurde 2001 zum besten Sommelier Deutschlands gekürt. Bereits 1989 erhielt er die Auszeichnung »Bester Jungkoch Deutschlands«. 2004 kam der Titel »Deutscher Meister im Weindegustieren« hinzu. Fahrner ist Inhaber des »Weinlade« am Karlsruher Gutenbergplatz. Das Geschäft an dem beliebten Platz in der Weststadt ist längst zum Dorado für Weinkenner geworden.

Genussmenschen gehen hier ein und aus – und das auch ohne großes Portemonnaie. »Bei mir hat jeder Wein seine Berechtigung. Ich sage immer: Gute Weine müssen nicht teuer sein, sie müssen nur entdeckt werden«, so der Experte in Sachen Vinum. Am liebsten philosophiert der Mann mit den feinen Geschmacksnerven über Genuss, Rebensaft und Sinnesfreude. »Natürlich bin ich ein Genussmensch. Essen und Trinken sind ein wichtiger Teil unseres Lebens, unserer Kultur. Gerade die Region Baden, Elsass, Pfalz ist ja quasi ein Genussdreieck«, meint er.

Das Jahr hindurch ist Fahrner oft zu Weingütern in Italien, Frankreich oder Griechenland unterwegs. Viel unterwegs war der Mann aus dem Badischen wie viele in der Gastro-Szene schon immer. Nach einigen Wanderjahren in Deutschland – als Koch war er unter anderem in der »Talmühle« in Sasbachwalden oder im Schlosshotel Bühlerhöhe – zog es ihn nach Belgien und in die Schweiz. Im Hotel »Haus Paradies« im Unterengadin, das zu den besten Häusern des Alpenlandes zählt, entwickelte er ein völlig neues Weinregalsystem für die optimale Weinlagerung.

In der Folgezeit stellte der Sohn eines Braumeisters seinen Unternehmergeist unter Beweis und gründete seinen Weinlade mit Weinevents und Seminaren (Degustationen finden im zugehörigen Eventraum in der nahen Uhlandstraße 21 statt). Seit 2000 ist der Familienvater Besitzer eines Weinbergs in Spitzenlage an der Mosel. Auch Bücher zum Thema Vinum gehen auf Fahrners Konto.

LAGE: Weinlade am Gutenbergplatz, Nelkenstraße 33, 76135 Karlsruhe-Weststadt, www.weinlade.de

ÖFFNUNGSZEITEN: montags bis freitags 10.00–19.00 Uhr, samstags 9.30–17.00 Uhr

HALTESTELLE: Yorckstraße

fruere sapore in vino
Weinlade
Weinlade

Confiserie Welt
ZUCKERBÄCKER

KARLSRUHE

FEINE SCHOKOLADE

Zuckerbecker am Werderplatz

Im Zentrum der Südstadt residiert die Schokoladenmanufaktur »Zuckerbecker«. 2003 öffnete Axel Becker sein gemütliches Ladengeschäft am Werderplatz. Seither offeriert er hier Bruchschokolade und Pralinen aus eigener Herstellung, Marzipan, edle Kaffeesorten, feinen Kakao oder leckere Macarons. Immer wieder kommen Stammgäste vorbei, um mal eben einen Kaffee zu trinken und zu plaudern.

Eigentlich würde man einen so netten, inhabergeführten Laden eher in der Weststadt oder in Durlach vermuten – eher weniger in der Südstadt. »Ich liebe die Südstadt, die Menschen reden hier noch miteinander«, betont Becker. Er kennt aber auch die Schattenseite – die offene Drogen- und Alkoholszene am Werderplatz. Ob ein zeitlich befristetes Alkoholverbot Wirkung zeigen wird, da ist der 57-Jährige skeptisch. Dennoch hat er sich bewusst für den Standort entschieden, und seine Manufaktur ist definitiv eine Zierde des Platzes. Seine Schokoladenseminare haben sich in der Region herumgesprochen. Die Teilnehmer kommen auch aus der Pfalz oder aus Baden-Baden. Vor allem auf die Qualität seiner Ingredienzen legt der Chocolatier großen Wert. »Unsere Haselnüsse bekommen wir aus dem Piemont, die Vanille aus Madagaskar.« Aus Anbaugebieten wie Ecuador, Kolumbien oder Venezuela bezieht er Kakaobohnen von höchster Qualität. Dabei unterstützt er Kakaobauern in Ecuador, die in einer Initiative mehr Gewinn erwirtschaften, so dass mehr Wertschöpfung im Land entsteht. Der Mann aus dem Pfinztal bereist selbst Plantagen für Kaffee oder Tee und bietet in seinem Laden mehr als 160 Teesorten an. Für Connaisseure ist es ein kleines Paradies. Schokoladen mit bis zu 100 Prozent Kakaoanteil, edle Trinkschokolade, die preisgekrönte Cluizel-Schokolade aus Frankreich und viele ausgefallene Leckereien mehr – der Gourmet hat die Qual der Wahl. »Genuss und Qualität stehen bei uns im Fokus, deshalb machen wir nur feinste Schokoladenkuvertüren, handgeschöpft«, so Axel (Zucker-)Becker.

LAGE: Zuckerbecker, Werderplatz 34, 76137 Karlsruhe-Südstadt, www.zuckerbecker.com

ÖFFNUNGSZEITEN: montags, dienstags, donnerstags, freitags 10.00–13:30 und 15.00–19.00 Uhr, mittwochs und samstags 10.00–16.00 Uhr

HALTESTELLE: Werderstraße, Kongresszentrum

BADISCHER OBERRHEIN

STEINZEIT-EXPERIMENTE

Archäologin Anne Reichert

Die Faszination ist Anne Reichert deutlich anzumerken, wenn sie über die Jungsteinzeit spricht. Die Ettlingerin ist experimentelle Archäologin mit Leib und Seele. Das heißt, sie rekonstruiert Utensilien und Kleidung der Menschen in der Zeit von 5500 bis 2000 vor Christus, als die Jäger und Sammler zu sesshaften Bauern wurden, und sie tut dies äußerst akribisch. Anhand von Funden versucht sie vorgeschichtliche Techniken nachzuvollziehen und Artefakte mit den jeweiligen Materialien nachzubilden, um Erkenntnisse über die damaligen Lebensumstände zu gewinnen.

Sandalen aus Lindenbast, Gefäße aus Birkenrinde oder Gürteltaschen aus Leder stellt sie nach Funden in mühsamer Kleinarbeit her. Das Flechten von Körben brachte sie sich ebenso bei wie das Brennen von Keramik am offenen Feuer. »Ich möchte wissen, wie es früher war und wie die Menschen damals überlebt haben. Wir können nie sagen: So war es. Sondern lediglich: So könnte es gewesen sein. Wir können durch das Experiment dazu beitragen, Geschichte begreifbar zu machen«, betont die Archäologin, die für Museen in Deutschland, der Schweiz und Italien arbeitet. Die Wissenschaftlerin stand auch schon einer SWR-Doku über die Steinzeit als Beraterin zur Seite.

Vor allem mit einer Thematik hat sich die 83-Jährige auseinandergesetzt: dem Leben der Gletschermumie »Ötzi«. »Das spektakuläre Auffinden der Mumie, die mehr als 5000 Jahre alt ist, hat der Archäologie ganz neue Einblicke in die Welt der Jungsteinzeit gegeben. Ötzi hat alle elektrisiert.«

Unter anderem hat Anne Reichert in ihrer Werkstatt die Dolchscheide des berühmten Gletschermannes aus den Ötztaler Alpen rekonstruiert. Auch das Schuhwerk hat die agile Seniorin für eine Fernsehdokumentation nachgefertigt. »Man kann es nicht anders sagen: Das war Hightech der Steinzeit. Das Isoliermaterial aus Gras wurde von einem Innengeflecht aus Lindenbast zusammengehalten. Das Oberleder war aus Hirschfell, die Sohle aus Bärenfell. Man kann da nur Hochachtung haben«, betont die Spezialistin für historische Handwerkskünste aus dem Albgau.

LAGE: Anne Reichert Werkstatt, Storchenweg 1, 76275 Ettlingen-Bruchhausen

BADISCHER OBERRHEIN

ALPAKAS IM HÜHNERHOF

Bio-Geflügelhof Günth in Bruchhausen

Die aus Südamerika stammende Kamelform Alpaka kennen die meisten wohl aus dem Zoo. Eine ganz andere Verwendung für die possierlichen Pflanzenfresser hat die Familie Günth aus Ettlingen-Bruchhausen gefunden. Die Betreiber eines Bio-Geflügel- und Eierhofs nutzen zwei Alpakas als Schutztiere für ihre rund 1400 Hühner in Freilandhaltung.

Der Grund: Ein Fuchs drang fast wöchentlich in den Stall ein und riss die Hühner dutzendweise. Die Konsequenz: Die Eierproduktion ging massiv zurück. Doch das ist längst Geschichte – dank Elvis und Emil. Die beiden Alpakamännchen sehen die Hühner offensichtlich als ihre Herde an und beschützen sie vor Beutegreifern.

Man sei sich im Klaren darüber gewesen, dass es so wie bisher nicht weitergehen konnte – immer in der Furcht, dass der Fuchs den Zaun überwindet und zuschlägt. Über einen bayerischen Züchter kamen die vor allem für ihre Wolle bekannten Tiere in den Albgau. Im Übrigen sind die Günths echte Pioniere. In Deutschland gibt es bislang kein ähnliches Experiment, wie der Alpaka-Zuchtverband Deutschland bestätigt. Seit 2016 sind Elvis und Emil mittlerweile im Amt. Und seither wurde kein einziges Huhn mehr gerissen.

»Die beiden haben eine natürliche Abneigung gegen hundeähnliche Tiere, ein gutes Auge und sind sofort zur Stelle«, berichtet Sabine Günth. Wie zum Beweis läuft ein Wanderer mit einem kleinen Yorkshire-Terrier vorbei. So schnell ist der kleine Hund wohl selten gelaufen, denn schon sind die beiden Alpakas – die gerade eben noch dösend in der Sonne lagen – auf den Beinen und drohen dem verschreckten Hündlein. Allerdings selbstredend, ohne dass etwas passiert ist. Schließlich befindet sich der Hund außerhalb des Geheges.

Die Andentiere fressen vornehmlich Gras und Heu und haben das rund 1,5 Hektar große Areal stets im Blick. Und was wurde aus Meister Reineke? Der muss sich ganz offensichtlich seine Beute woanders suchen – sehr zur Freude der Biolandwirte aus Bruchhausen.

LAGE: Bio-Geflügel- und Eierhof Günth, Herbststraße 2a, 76275 Ettlingen-Bruchhausen, www.hofladen-bauernladen.info

HALTESTELLE: Bruchhausen Oberfeld

NATÜRLICHE FABELWESEN

Drachenweg Weingartener Moor

Einen Drachenweg können Naherholungssuchende am Weingartener Moor auf eigene Faust erkunden und dabei in eine mythische Fabelwelt aus Holzskulpturen eintauchen. 2016 wurde der Erlebnispfad von Weingartens Bürgermeister Eric Bänzinger und dem Künstler Guntram Prochaska vorgestellt. Prochaska, bekannt in der Region als Kettensägenkünstler, gestaltete fünf Holzobjekte entlang des Wegs, die Lurche, Reptilien, Drachen und weitere Fabelwesen darstellen. Der Drachenweg ist rund einen Kilometer lang.

Die Idee zum Erlebnispfad kam Rathauschef Bänzinger, als er eine Landkarte der Region Kraichgau-Stromberg in Händen hielt und dort von einem Moor-Ungeheuer aus vergangenen Zeiten las. Diesen Mythos griff man nun in der Winzergemeinde auf und beauftragte den Grötzinger Künstler Prochaska, die tonnenschweren Objekte entlang des Weges im Naturschutzgebiet zu gestalten. In mehr als 40 Ländern stehen Prochaskas mit der Kettensäge aus Holz gefertigte Skulpturen. Er war unter anderem bereits bei der documenta in Kassel eingeladen.

Bekannt ist er insbesondere für seine Friedensengel. Holzfiguren des Skulpteurs und Aktionsmalers finden sich in Karlsruhe unter anderem beim Freibad Rappenwört, in Stupferich, in der Nottingham-Anlage oder im Hardtwald. »Es ist wichtig, dass die Kinder die Natur vor ihrer Haustür kennenlernen und nicht nur vor dem PC sitzen oder am Smartphone spielen. Mit dem Drachenweg haben wir etwas geschaffen, das auch für Kinder attraktiv ist. Denn an der Natur kann man sich niemals sattsehen«, betont der Holzkünstler. Die Eichen hat er auf expressionistische Art bearbeitet, wie er hinzufügt. In jedem Fall wecken die skurrilen Figuren am Wegesrand den Entdeckergeist bei Groß und Klein. Und auch die Fantasie regen die hölzernen Fabelwesen ohne Zweifel an.

Das Moor zwischen Grötzingen und Weingarten am Rande des Kraichgaus befindet sich in der Kinzig-Murg-Rinne und ist mit seinem Bruchwald ein wichtiges Naherholungsgebiet. Dort ist auch der Grötzinger Baggersee, der viele Badefreunde anlockt.

LAGE: Drachenweg Weingartener Moor, 76356 Weingarten, www.weingarten-baden.de/index.php?id=226

HALTESTELLE: Weingarten

BADISCHER OBERRHEIN

SÜSSE ROTE FRÜCHTCHEN

Erdbeerland Enderle in Durmersheim

Schon ihr Geruch verrät, dass mit dem Sommer auch die Beerenernte gekommen ist. Bis August haben Erdbeeren bei uns Hochsaison. Mehr als 30 Prozent aller deutschen Erdbeeren stammen aus Baden. Einer, der mehr darüber weiß, ist Rolf Enderle, Inhaber von »Enderle Erdbeerland« in Durmersheim. »Die Keimzelle für den Erdbeeranbau war in Mittelbaden, und zwar genau hier in Durmersheim. Unser Betrieb hat damals damit begonnen«, sagt der 56-jährige Agraringenieur, der den Betrieb einst von den Eltern übernommen hat. An Spitzentagen werden im »Enderle Erdbeerland« bis zu 16 000 Pfund der Früchte geerntet.

Rund 50 Erntehelfer sind dann auf dem rund zehn Hektar großen Feld im Einsatz. Insgesamt verfügen die Enderles über 130 Hektar Fläche. Ansonsten werden Gemüse, Getreide und Mais angebaut. Die beste Temperatur für Erdbeeren, die eigentlich gar keine Beeren, sondern Sammelnussfrüchte sind, ist zwischen 24 und 27 Grad. Dann können die roten Gaumenfreuden am besten gedeihen. In Erdbeeren steckt viel Vitamin C – sogar mehr als in Zitronen und Orangen. Eine kleine Schale, also etwa 150 bis 200 Gramm, deckt bereits den Tagesbedarf an Vitamin C. Wer gerne Erdbeeren nascht, kann dies mit gutem Gewissen tun. Kein Wunder also, dass Rolf Enderle neben dem geschmacklichen auch den gesundheitsfördernden Aspekt der Lieblingsfrucht vieler Deutscher betont.

Von der Durmersheimer Hardt werden die Erdbeeren bis nach Hamburg, München oder Leipzig transportiert.

»Wir setzen als zertifizierter Betrieb auf maximale Qualität mit einem hoch entwickelten Anbauverfahren. Das ist für uns wichtiger als Quantität«, sagt der Ingenieur. Er setzt auf GPS-gesteuerte Schlepper und modernste Technologie. Trotzdem: In erster Linie ist die Ernte Handarbeit. Auch das Fernsehen hat bereits über die Erdbeer-Spezialisten aus Durmersheim berichtet. Eine Wissenssendung filmte die aufwendige Feldarbeit bei Enderle im Herzen der badischen Erdbeerproduktion.

LAGE: Erdbeerland Enderle, Triftstraße 111, 76448 Durmersheim (Hofverkauf), www.enderle-erdbeerland.de

ÖFFNUNGSZEITEN: während der Erdbeersaison täglich 7.00–20.00 Uhr

HALTESTELLE: Durmersheim Nord

NACHHALTIG BRAUCHBAR

Historisch Antik in Ötigheim

Historisch Antik« prangt auf der Halle im Industriegebiet von Ötigheim bei Rastatt. Und wer Emil Rittlers Reich betritt, der begibt sich auf eine kleine Zeitreise: Jugendstil-Öfen, Badewannen von 1850, historische Klappläden, Türen der Jahrhundertwende, eine Wurlitzer Jukebox, ein Saatgut-Schrank aus den 1920er-Jahren, Schreibmaschinen aus den 30er-Jahren, Reklameobjekte aus den 50er-Jahren, alte Industrieleuchten und, und, und. Wie in einem Antiquitätengeschäft reihen sich Utensilien aus früheren Zeiten aneinander.

»Ich möchte allen Dingen neues Leben einhauchen. Das sind authentische Objekte einer Ära, in der man noch nachhaltig gelebt hat«, erklärt Emil Rittler. Der Ingenieur betreibt eine Bau- und Recyclingfirma in der Region zwischen Karlsruhe und Rastatt. Ende 2018 zog er mit seinen Gegenständen nach Ötigheim, das wegen seiner Volksschauspiele über die Region hinaus bekannt ist.

Auf 400 Quadratmetern wurde ein Sammelsurium zusammengetragen, das so manchen Freund hochwertigen Trödels staunen lässt. Aus dem Schauen kommt der Besucher in den Räumen kaum heraus. Unter anderem besucht man ein Klassenzimmer mit Landkarten, eine Jägerstube mit reichlich Geweihen oder eine Kosmetikecke für die Dame von Welt der Belle Époque. Das Interieur wirkt wohnlich, ist akribisch zusammengestellt. Unterstützung erhielt Rittler von der Bühnen- und Kostümbildnerin Olivia Neff aus Baden-Baden. Künftig will Rittler in seiner Antik-Halle gesellige Veranstaltungen oder Workshops zu alten Handwerkstechniken anbieten.

»Ich mag es, wenn alte Objekte eine Wiedergeburt erfahren. Schauen Sie, dieser alte Hobeltisch ist jetzt ein massiver Holztisch mit einer schönen Patina für eine große Runde«, erläutert der 64-Jährige. Regelmäßig geht er mit seinem Mitarbeiter Timo Kiefer auf Schatzsuche. Er bietet auch stimmiges historisches Dekor für Akzente im heimischen Garten an. Hierbei kann seine Gattin Doris ihren »grünen Daumen« kreativ ausleben.

LAGE: Historisch Antik, Industriestraße 11, 76470 Ötigheim (bei Rastatt), www.historischantik.de

ÖFFNUNGSZEITEN: freitags 15.00–18.00 Uhr, samstags 9.00–13.00 Uhr

HALTESTELLE: Ötigheim

ECHTER
500g
ECHTER
500g
Waldhonig

BADISCHER OBERRHEIN

HERZ FÜR BIENEN

Imkerin Roswitha Wildauer in Malsch

Ein nahezu wissenschaftliches Interesse hat Roswitha Wildauer an ihren Bienenvölkern. Seit 17 Jahren ist die Vorsitzende des Bienenzuchtvereins Malsch als Imkerin aktiv. »Bienen sind wahnsinnig intelligente Tiere, die nicht als einzelne Individuen, sondern als Volk agieren. Es macht Freude zu sehen, wie sie als gesunde Völker wachsen«, sagt die sympathische Frau gut gelaunt. Damit die 25 von ihr betreuten Bienenvölker gesund wachsen können, schafft sie die bestmöglichen Voraussetzungen. Äußerst akribisch befasst sich Roswitha Wildauer mit der Imkerei. Zahlreiche Zertifikate zieren ihr Labor in Waldprechtsweier am Rande des Nordschwarzwalds.

Die Imkerin züchtet Bienenköniginnen und hält Vorträge. »Linie Malsch« heißen die Völker aus ihrer Zucht. Erntezeit ist jeweils zwischen Mai und Juli. Dann wird Tannen-, Fichten-, Brombeer- oder Edelkastanienhonig gewonnen. Der Waldhonig wurde bereits mit der Goldmedaille des Deutschen Imker-Bundes ausgezeichnet. Der Imkerverein selbst engagiert sich in sozialen Projekten: Schulklassen besuchen den Lehrbienenstand, oder Senioren drehen gemeinsam Kerzen aus Bienenwachs.

Allerdings hört man immer wieder vom leidigen Thema des »Bienensterbens«. Eine Thematik, die auch Wildauer umtreibt. »Die Natur und damit der Lebensraum der Bienen nimmt stetig ab. Es gibt immer weniger Streuobstwiesen. Zudem sorgt der Einsatz von Pestiziden für große Probleme«, berichtet Wildauer. Ferner schädigt die sogenannte Varroamilbe die Bienen.

Der Südwestrundfunk stattete ihr schon einen Besuch ab, als der Sender einen Film mit dem Titel »Bienenliebe – mehr als nur imkern« drehte. Dass Honig nicht nur sehr gut schmeckt, sondern auch als uraltes Heilmittel gilt, darüber weiß die Expertin einiges zu berichten. Neben Kerzen stellt sie auch den süßen Honigwein Met her. Erfreut ist sie in jedem Fall über die reine Qualität des Honigs von den Waldrandgebieten und Obstwiesen rund um ihr Zuhause.

LAGE: Imkerin Roswitha Wildauer (Hofverkauf), Talstraße 74, 76316 Malsch-Waldprechtsweier, www.bienenzuchtverein-malsch.de

ÖFFNUNGSZEITEN: Telefon 07246-2710

HALTESTELLE: Waldprechtsweier

BADISCHER OBERRHEIN

BÜFFEL IM TEICH

Landschaftspflege Mathias Börsig

Die Szenen könnten sich auf den Reisfeldern Südostasiens, auf dem Balkan oder in Südamerika abspielen. Wasserbüffel tummeln sich in Tümpeln und Teichen und ziehen bedächtig ihrer Wege. Doch statt in Kambodscha befinden wir uns hier in Rheinstetten im Landkreis Karlsruhe. Die schwarzen Büffel mit den markanten Hörnern, die man aus Reise-Dokus im Fernsehen kennt, gehören Mathias Börsig, Forstwirtschaftsmeister aus dem Ortsteil Mörsch. Er hatte die Idee, die exotisch wirkenden Tiere zur Landschaftspflege zu nutzen.

»Ein bisschen verrückt muss man schon sein, um so etwas zu realisieren. Aber es hat sich als die richtige Entscheidung herausgestellt«, sagt Börsig, während er mit seinem Zuchtbullen »Camillo« schmust. Insgesamt acht Büffel hat er einem Landwirt aus Villingen abgekauft, der sie wiederum aus Rumänien hatte.

Die Büffel mit jeweils bis zu 700 Kilogramm Gewicht sowie ein Kalb sind auf Börsigs etwa sechs Hektar großem Gelände zu Gange und sorgen dafür, dass die Teiche nicht zuwachsen. Sie fressen Wasserpflanzen, reiben ihre Hörner am Gehölz und suhlen sich in den Tümpeln. »Normalerweise müssten wir hier in gewissen Abständen mit schwerem Gerät anrücken, um die Teiche wieder freizubekommen. Die Büffel lassen es gar nicht so weit kommen. Das ist die ökologisch perfekte Gehölz- und Landschaftspflege«, erklärt der 60-Jährige.

Im Übrigen: Ganz so verrückt ist die Idee ohnehin nicht. Auch andere sind bereits auf die Idee mit den europäischen Wasserbüffeln gekommen. Schließlich waren diese Rinder im Mittelalter auch in Mitteleuropa verbreitet, ehe sie im Laufe der Jahrhunderte durch andere Rassen ersetzt wurden. »Die Wasserbüffel bereichern das Landschaftsbild. Es fragen immer wieder Kindergärten nach, wo die Wasserbüffel jetzt gerade seien. Auch Spaziergänger suchen oft gezielt nach ihnen. Es ist ja auch ein imposantes Bild, wenn man diese kräftigen Büffel so friedlich im Tümpel herumsuhlen sieht«, weiß der Rheinstettener Forstwirtschaftsmeister. Lediglich Kopf und die mächtigen Hörner ragen dann aus dem Wasser.

LAGE: Landschaftspflege Mathias Börsig, Rheinaustraße 2a, 76287 Rheinstetten-Mörsch, www.gartenbau.org

HALTESTELLE: Mörsch Rheinaustraße

BADISCHER OBERRHEIN

KLINGENDE MECHANIK

Musikautomaten in Ettlingen

Der Ettlinger Thilo Florl zählt bundesweit zu den führenden Sammlern mechanischer Musikautomaten, die ihre Blütezeit zwischen 1900 und dem Beginn des Zweiten Weltkriegs hatten. Seit mehr als 30 Jahren sammelt er die wertvollen Stücke nicht nur, er restauriert sie auch. »Das ist jedes Mal eine Heidenarbeit. Ich bekomme manchmal von Holzwürmern zerfressene Schrotthaufen. Aber wenn dann nach einer aufwendigen Sanierung die Musik erklingt, dann hat sich die Mühe gelohnt«, sagt der Tüftler, der von Haus aus gelernter Elektroniker ist.

Was ihn an den Instrumenten einer vergangenen Epoche so fasziniert? »Das ist einfach meine Begeisterung für Technik. Es ist schon erstaunlich, welche Lösungen die Erbauer damals parat hatten.« Auf Trödelmärkten in ganz Europa ist er an Wochenenden unterwegs. Gute Kontakte hat er zum fahrenden Volk und zu Hausierern im Elsass, die ihm immer wieder Tipps geben. Auf diesem Wege findet er alte Drehorgeln, Plattenspieldosen oder gewaltige Gasthaus-Orchestrions, die er in mühevoller Kleinarbeit restauriert. »Ich habe schon als Kind ein Grammofon gehabt. Mich hat die Faszination für mechanische Musikgeräte nie losgelassen«, erklärt der Familienvater, der in seiner Freizeit Kommandant der historischen Bürgerwehr Ettlingen ist.

In der Nachkriegszeit ging die Ära der Drehorgel als Saloninstrument zu Ende. Radio und Jukebox machten die pneumatischen Musikgeräte in einer Ecke der Gastwirtschaft überflüssig. Bei Florl erleben die Automaten jedoch eine Renaissance. Etliche Dutzend der liebevoll gestalteten Gerätschaften – teilweise im Gründerzeit- oder Jugendstil-Design – erklingen dort wie zur Hochzeit der Musikautomaten-Ära. Mittels atmosphärischer Luft und Unterdruck werden die Membranen der pneumatischen Instrumente zum Klingen gebracht. Damit sich diese entsprechend gut aufgehoben fühlen, herrscht eine permanente Luftfeuchtigkeit von 50 Prozent bei einer konstanten Temperatur von 18 Grad in den Räumlichkeiten, in denen die Automaten stehen. Für den Funktechniker, der in der Deutschen Gesellschaft für selbstspielende Musikinstrumente aktiv ist, ist es die reinste Erholung, wenn er nach Feierabend mit der Tüftelei beginnt.

LAGE: Thilo Florl, Im Katzentach 6, 76257 Ettlingen-Bruchhausen

BADISCHER OBERRHEIN

ORGEL FÜR DIE TITANIC

Musikautomaten-Museum Bruchsal

Im Grunde ist es nur einem Zufall der Geschichte zu verdanken, dass sie im Deutschen Musikautomaten-Museum in Bruchsal steht: die Orgel, die eigentlich auf der »Titanic« erklingen sollte. Zu Beginn des 20. Jahrhunderts sollte den betuchten Passagieren der Ozeanriesen jeder erdenkliche Luxus geboten werden – auch der von selbstspielenden Orgeln auf hoher See. Mittlerweile ist die »Titanic-Orgel« der Star unter den mechanischen Musikinstrumenten, von denen das Museum im Bruchsaler Barockschloss etwa 500 ausstellt.

Das Schicksal des einst als unsinkbar geltenden Flaggschiffs der »White Star Line« ist hinlänglich bekannt. Die Orgel aus dem Hause der Freiburger Manufaktur Welte & Söhne und ihr Erbauer überlebten jedoch, obwohl sie bereits auf dem Weg nach Southampton waren, wo die »Titanic« 1912 ihre erste und gleichzeitig letzte Reise antrat. »Ursprünglich war Werkstattleiter Karl Bockisch für den Transport nach Southampton verantwortlich. Er war auch zur Jungfernfahrt der ›Titanic‹ eingeladen. Allerdings kam der Musikautomat nicht rechtzeitig in England an. Zudem musste Bockisch die Heimreise aus Southampton antreten. Ihm wurde telegrafiert, dass ein nahes Familienmitglied schwer erkrankt war«, berichtet Museumsleiterin Ulrike Näther. Die Tragödie um die »Titanic« und der baldige Ausbruch des Ersten Weltkriegs machten auch den Plan zunichte, die Philharmonie-Orgel auf einem späteren Schiff der »White Star Line« einzurichten.

»Wir wissen um die Geschehnisse aus einer Korrespondenz der Witwe von Karl Bockisch und des Sammlers Jan Brauers aus Baden-Baden, der das Objekt 1970 erworben hat«, so Näther. Mittlerweile seien jedoch gewisse Zweifel aufgekommen, ob sich das alles hundertprozentig so zugetragen habe. Dies tue dem Mythos um die Orgel jedoch keinen Abbruch. 1982 ging der selbstspielende Musikautomat auf seine Reise nach Bruchsal. Rund 60 000 Besucher pro Jahr wollen das gute Stück in der Barockstadt sehen.

LAGE: Deutsches Musikautomaten-Museum, Schlossraum 4, 76646 Bruchsal, www.dmm-bruchsal.de

ÖFFNUNGSZEITEN: dienstags bis sonntags 10.00–17.00 Uhr

HALTESTELLE: Bruchsal Schlossgarten

BADISCHER OBERRHEIN

GURKEN AUS DEM FASS

Ostfeinkost auf dem Markt

Andreas Müller hat sie alle: Spreewaldgurken, Thüringer Kümmelknackwürste, Bautzener Senf, Döbelner Soljanka, Köthener Schmalzfleisch und Dorschleber von »Rügen Fisch«. Mehr als 150 Ostprodukte kann der gebürtige Leipziger liefern, und er bietet sie auf Wochenmärkten in Ettlingen, Baden-Baden und Bühl feil. In ganz Süddeutschland hat niemand ein ähnliches Sortiment wie er – da ist sich der Ostdeutsche sicher.

Die Renner im Sortiment? »Ganz klar unsere Spreewaldgurken, gefolgt vom Bautzener Senf. Die Spreewaldgurken aus dem Fass bekommt man im Süden sonst nur noch auf dem Viktualienmarkt in München.« Wer seine Kunden sind, weiß er nur zu genau. Viele in den Südwesten ausgewanderte Ostdeutsche seien darunter, die sich gerne an den Geschmack ihrer Kindheit erinnern. Aber er hat auch eine treue Stammklientel aus badischen Ureinwohnern. Eines macht er schnell deutlich. Mit der DDR als politischem System hat der Sachse nichts am Hut. »Nichts liegt mir ferner. Die Nostalgie bezieht sich rein auf die Lebensmittel«, meint er schmunzelnd. Früher hatte Müller mehrere Jahre ein Geschäft mit Namen »Ossi-Laden« in Ettlingen. Zu jener Zeit zählten auch die damaligen KSC-Spieler Clemens Fritz und Marco Engelhardt, die aus Erfurt stammen, zu seinen Stammkunden. Seit zehn Jahren ist er nun ausschließlich auf Märkten in Mittelbaden unterwegs – und das bei Wind und Wetter. Er hat ein fein gesponnenes Netzwerk in seiner früheren Heimat aufgebaut und wird regelmäßig mit Lebensmitteln aus dem Osten beliefert. Mehrmals im Jahr fährt er zudem nach Erfurt und Eisenach, um sich mit Ware einzudecken.

Was denn das Besondere an der Spreewaldgurke aus dem Fass sei? »Die ist nicht zu vergleichen mit der Gurke aus dem Supermarkt. Das hier sind alte Sorten, die in guter Erde gedeihen. Die Gurken aus dem Eichenfass sind einfach saftiger. Die Sorben kultivieren sie seit Jahrhunderten. Die haben ein gutes Händchen dafür. Ebenso wie für ihren Senf aus Bautzen.« Apropos Senf. Mehr als 300 Sorten hat Müller im Angebot. Sehr beliebt sei auch Halberstädter Borschtsch (Rote-Bete-Suppe).

LAGE UND ÖFFNUNGSZEITEN:
Müller ist montags auf dem Wochenmarkt in Bühl, donnerstags in Baden-Baden und samstags in Ettlingen.

BADISCHER OBERRHEIN

PER SCHIFF ÜBERSETZEN

Rheinfähre Leopoldshafen

Insgesamt hundertmal schippert Hans Freiwald von einem Ufer zum andern. Und das täglich. Der 59-Jährige ist Kapitän der Fähre »Peter Pan«, die das ganze Jahr zwischen dem badischen Eggenstein-Leopoldshafen und dem pfälzischen Leimersheim übersetzt. Im Frühling und Sommer wird die Fähre vor allem von Radfahrern und Ausflüglern in Beschlag genommen. Sie ist Teil des deutsch-französischen PAMINA-Rheinparks.

Sein Job liegt dem gebürtigen Duisburger im Blut. »Wir sind schon in der dritten Generation Rheinschiffer. Früher habe ich große Schubverbände mit Eisenerz nach Rotterdam, Amsterdam oder Antwerpen gefahren«, erklärt Freiwald hoch oben auf dem Turm seiner 1200 PS starken Rheinfähre, die rund 25 PKWs, etlichen Radfahrern sowie Ausflüglern zu Fuß Platz bietet. Unter der Woche sind es vor allem Pendler, die zu den großen Unternehmen auf badischer Seite fahren. Die Gaststätte in Leopoldshafen direkt an der Fährstation ist für eine Einkehr sehr beliebt. 25 Kilometer südlich betreiben die Freiwalds auch die Fähre zwischen Rheinstetten-Neuburgweier und dem pfälzischen Neuburg. »Das Gute an unserem Beruf ist, dass es nie langweilig ist. Jeder Tag ist anders. Man muss den Fluss und die Strömung immer im Blick haben. Allzu viel Routine darf nie aufkommen, man muss immer Respekt vor den Elementen haben«, sagt der Kapitän, während er schlafwandlerisch sicher vom nördlichen Landkreis Karlsruhe aus das pfälzische Ufer ansteuert. Niedrigwasser machte Freiwald Ende 2018 das Leben enorm schwer. Zwischendurch musste infolge des extremsten Dürresommers seit Aufzeichnungsbeginn gar der Betrieb eingestellt werden. Aber wenn der Fährmann dann wieder genug Wasser unter dem Kiel hat und über den »Vater Rhein« setzt, dann kommt bei den Passagieren schnell »maritimes Feeling« auf. Es ist wie eine kurze Pause im Alltag, wenn den Ausflüglern bei der Stromquerung der Wind um die Nase weht und die Gischt sprüht.

LAGE: Rheinfähre Leopoldshafen–Leimersheim, www.rheinfaehre-leimersheim.de

ÖFFNUNGSZEITEN: in der Regel montags bis freitags 6.00–9.45 und 15.00–18.45 Uhr, samstags und sonntags 10.00–16.45 Uhr, März bis Oktober mittags durchgehend und am Wochenende länger

N-STEINACH
D

BADISCHER OBERRHEIN

AUSZEIT AM FLUSSUFER

Rheinkiosk in Neuburgweier

Der Rheinkiosk in Neuburgweier ist schon lange ein beliebtes Ausflugsziel für Urlauber, Radfahrer und Sommerfrischler. Man hat hier schließlich einiges zu bieten: Da ist der Vater Rhein zuallererst, der mächtig und in aller Gemütsruhe vorbeizieht, die Rheinfähre, die ganzjährig in die Pfalz übersetzt, die maritime Atmosphäre durch die vielen Rheinschiffe – und natürlich der Rheinkiosk selbst mit seinem Biergarten. Als Unikum, wie ein Relikt aus der guten alten Zeit trotzt der Kiosk allen modischen Trends und ist generationenübergreifend beliebt. Die junge Familie weiß das idyllische Fleckchen am Rhein ebenso zu schätzen wie radbegeisterte Singles mit ihren Mountainbikes oder Pensionäre, die schon Jahrzehnte hierherkommen.

Seit mehr als 50 Jahren gibt es den kleinen Pavillon am Rhein schon, der gerade den Pächter gewechselt hat. Seit Ostern 2018 führt dort Jürgen Seyfert Regie. Er fügte eine Grillhütte hinzu, sodass neben Straßburger Wurstsalat, Frikadellen, Fischweck, Kuchen nun frisch gegrillte Steaks die Menükarte ergänzen. Seyfert hat reichlich Gastronomieerfahrung und ist unter anderem auf Weihnachtsmärkten in der Region vertreten. »Der Rheinkiosk ist über den Sommer eine sehr gute Ergänzung zu unseren Aktivitäten im Winter«, sagt der 53-Jährige. Eröffnet wird die Saison in Rheinstetten-Neuburgweier jeweils an Ostern, Schluss ist in der Regel Mitte bis Ende Oktober.

»Die Gäste mögen die familiäre Atmosphäre. Zudem ist man ja direkt am Rhein, gerade im Hochsommer, wenn es in der Gegend brütend heiß ist, ist die luftige Frische eine Wohltat. Und wo sieht man schon so nahe Schiffe an einem vorüberziehen«, betont der Pächter, der den Betrieb von der Familie Bücher übernommen hat, die zuvor fast 20 Jahre lang den Rheinkiosk betrieb.

Die Kraftfahrzeugkennzeichen zeigen, dass die Besucher auch von etwas weiter her anreisen, und die nahe Rheinfähre entlässt immer wieder einen Schwung Radfahrer, die sich als Gäste am Rheinufer niederlassen. Keine Frage, so eine kleine Auszeit am »Vater Rhein« erfreut Seele und Geist – und dank des kulinarischen Angebots des Kiosks nicht zuletzt auch den Magen.

LAGE: Rheinkiosk Seyfert, 76286 Rheinstetten-Neuburgweier, unweit der Fährstation

BADISCHER OBERRHEIN

KÖNIGLICHES GEMÜSE

Spargel-Gehrer in Durmersheim

Der Sonnentunnel macht es möglich. Immer wenn im Laufe des März die Spargelzeit beginnt, richten sich die Augen der Liebhaber des Stangengemüses auf den Landkreis Rastatt, genauer auf den Spargelhof Gehrer in Durmersheim. Dann rücken in schöner Regelmäßigkeit Fotografen und Kamerateams an, um den ersten Spargel in Deutschland, der ohne zusätzliche Bodenheizung gestochen wird, abzulichten. Im Südwesten ist man traditionell früh dran, wenn es darum geht, das »weiße Gold« zu ernten. Auf 40 Hektar bewirtschaftet der Familienbetrieb in dritter Generation den Hof auf der Hardt. Auf der Fläche von drei Fußballfeldern erstrecken sich allein die Folientunnel der Gehrers.

»Da kann es ganz schön heiß drunter werden. Bis zu 50 Grad. Deswegen wird in der Regel ab sechs in der Früh der Spargel gestochen«, erklärt Chefin Franziska Gehrer. Wichtig sind natürlich die Erntehelfer, 90 an der Zahl, und allesamt aus Osteuropa. Bernard Nocun ist schon seit 30 Jahren auf dem Hof tätig und schaut als Vorarbeiter, dass alle ihren Job gut erledigen. Man müsse schauen, dass die Spargelköpfe nicht beschädigt werden und der Damm nach dem Stechen wieder eingeebnet wird. »Es ist anstrengend, alles Handarbeit, aber es ist Arbeit in der Natur«, meint der Oberschlesier.

Nach der Ernte wird die begehrte Ware gereinigt, sortiert, gewogen und gegebenenfalls geschält. In 18 verschiedenen Sortierungen ist das vitaminreiche Gemüse erhältlich. Wenn das »weiße Gold« bei Sonne gut gedeiht, ernten die Gehrers etwa vier Tonnen pro Tag – zunächst mit dem Spargel im Sonnentunnel, dann mit dem Freilandspargel.

Ein Teil geht an die Bruchsaler Obst- und Gemüse-Absatzgenossenschaft, welche die Stangen an Supermärkte europaweit verkauft. Die übrige Ware wird im eigenen Hofladen veräußert, zudem frisch gebackenes Holzofenbrot. Ferner gibt es ein Spargel-Restaurant im ehemaligen Gewächshaus während der Saison, die traditionell jeweils am Johannistag (24. Juni) endet.

LAGE: Spargel Gehrer, Malscher Straße 288, 76448 Durmersheim (Hofverkauf), www.spargelwelt.de

ÖFFNUNGSZEITEN: in der Saison montags bis freitags 8.00–19.00, samstags und sonntags 8.00–16.00 Uhr

HALTESTELLE: Durmersheim

FRISCH AUS PARIS

Südfisch in Muggensturm

Keine Frage, die Arbeit geht Antoine Lesage mit Sicherheit so schnell nicht aus. Er ist Assistent des Geschäftsführers bei »Südfisch« in Muggensturm bei Rastatt. Er und seine 40 Mitarbeiter sorgen dafür, dass die Gourmetküchen Süddeutschlands so schnell wie möglich mit Schwertfisch, Red Snapper, Seeteufel, Hummer oder Steinbutt beliefert werden. »Unser Credo lautet: In 36 Stunden muss alles – egal woher – auf dem Tisch sein. Frische ist das oberste Gebot«, sagt der 32-Jährige.

Soll heißen: Wenn ein Drachenkopf gefischt ist, dann muss er spätestens eineinhalb Tage später in der Edelgastronomie zubereitet sein. Dass für solch eine Verteilungsaufgabe eine stringente Logistik und gute Nerven vonnöten sind, versteht sich von selbst. Die Gourmethändler aus Mittelbaden haben unter anderem Red Snapper aus dem Roten Meer, Steinbutt aus der Nordsee und Pulpo aus dem Mittelmeer in ihrem Sortiment. »Wir beziehen unsere Produkte aus ganz Europa und darüber hinaus. Das muss alles schnell gehen.« Den Südfisch-Angestellten kommt die Zentralität des benachbarten Frankreich zugute. Dort läuft alles über den Großmarkt Rungis in Paris. Lesage hat als Franzose beste Kontakte in die alte Heimat.

Mehrmals die Woche gehen die Touren von Baden nach Paris zum Mega-Markt, um frische Ware zu besorgen. Speziell vor Feiertagen – Ostern, Silvester, Weihnachten – brennt in der Südfisch-Zentrale der Baum. »Da schieben wir schon mal 80- bis 100-Stunden-Wochen. Wir müssen flexibel reagieren«, betont Lesage, der im Elsass lebt. Das Unternehmen profitiert von der Nähe zum westlichen Nachbarn. Und natürlich von einem kulinarischen Markt, der sich in den vergangenen 25 Jahren stark geöffnet hat. Viele Köche lassen sich vom Mutterland der Haute Cuisine inspirieren. »Man kann diesen Job nur machen, wenn man mit Herzblut dabei und auch bereit ist, an Sonn- und Feiertagen oder bis in die Nacht hinein zu arbeiten«, sagt Lesage. Darin sieht er auch die Verwandtschaft zu den Spitzenköchen, welche die edlen Produkte anschließend in den jeweiligen Gourmettempeln weiterverarbeiten.

LAGE: Südfisch mit Ladengeschäft, Wilhelmstraße 67, 76461 Muggensturm, www.suedfisch.net

ÖFFNUNGSZEITEN: montags 8.00–14.30, dienstags bis freitags 8.00–16.00, samstags 8.00–12.30 Uhr

ADLER UND UHU

Vogelpark Neuthard

Keine Frage, Uli Heneka pflegt zu seinen Vögeln eine äußerst innige Beziehung. Der 61-Jährige aus Karlsdorf-Neuthard bei Bruchsal ist passionierter Falkner und kümmert sich mit Hingabe um seine »gefiederten Freunde« im örtlichen Vogelpark. Mehr als 40 seltene Greifvögel befinden sich in den Volieren. Kaum ein privater, vereinsgeführter Vogelpark in Baden-Württemberg abseits von Zoos kann auf solch eine stattliche Anzahl der imposanten Tiere verweisen.

So ganz beruht die Freundschaft zuweilen nicht auf Gegenseitigkeit. Zumindest bei dem Steppenadler, der innerhalb der Voliere auf einem Beobachtungsposten sitzt und Heneka argwöhnisch betrachtet. »Das ist ein völlig normales Verhalten. Er betrachtet mich als Nesträuber. Wenn ich die Jungen beringe, findet er das natürlich nicht so gut und reagiert feindselig. Er ist der Beschützer des Horsts«, weiß der Vogelexperte.

Ganz anders sieht es da schon mit seinem Uhu Luke aus. Mit der possierlichen Eule geht der Mann aus dem nördlichen Landkreis Karlsruhe in Schulen und Kindergärten und klärt Kinder über die Eigenschaften und das Verhalten dieser Greifvögel auf. Luke ist dann naturgemäß der absolute Star im Klassenzimmer. »Ich merke das, wenn er sich super wohlfühlt. Das ist schon ein echtes Vertrauensverhältnis zwischen uns.« Für die Eule, die mit ihren orangegelben Augen und dem durchdringenden Blick bekanntlich für Weisheit steht, ist Heneka der Futtergeber. Deshalb fliegt der handaufgezogene Vogel auch nicht weg, wenn er draußen unbeaufsichtigt auf einem Pfahl sitzt. Beeindruckend zu sehen, wie der Uhu (im Übrigen die größte Eulenart) mit seinen »feststehenden Augen« den Kopf um rund 270 Grad drehen kann.

In den Volieren des Neutharder Vogelparks tummeln sich noch andere imposante Exemplare: beispielsweise Weißkopfseeadler, Steinadler, Buntfalken, Schnee-Eulen und Wüstenbussarde. Dem Vogelpark gelangen darüber hinaus schon zahlreiche beachtliche Zuchterfolge.

LAGE: Vogelpark Neuthard, Bruchbühlweg 4–8, 76689 Karlsdorf-Neuthard, www.vogelpark-neuthard.de

ÖFFNUNGSZEITEN: durchgehend

HALTESTELLE: Neuthard Mitte

dm-arena
e·volo

AUTONOMES LUFTTAXI

Volocopter

Ein neues Kapitel der Luftfahrtgeschichte wird derzeit von einer Crew innovativer Nordbadener aufgeschlagen. Sie entwickeln einen Volocopter, eine Art elektrisch betriebener Helikopter, der schon in Bälde in Serie gehen könnte. Das Projekt hat bereits einige Vorschusslorbeeren erhalten. 2012 bekamen die Entwickler den Lindbergh-Foundation-Preis für Innovation (benannt nach Luftfahrtpionier Charles Lindbergh). Kurze Zeit später ging der Sonderpreis des Karlsruher Cyber-Forums an die innovativen Ingenieure.

Mitte 2018 nun, nach Jahren der Weiterentwicklung, wurde der zweisitzige Minihubschrauber VC 200 mit 18 Rotoren über den Wolkenkratzern von Dubai getestet. Das Luftfahrttaxi, das Firmengründer Axel Zosel aus Ettlingen und sein Team entwickelt haben, hat seinen Jungfernflug im arabischen Emirat erfolgreich gemeistert. Bis 2030 plant das Land, ein Viertel seines Verkehrs auf autonome Transportmittel umzustellen. Der Prototyp auf Carbon-Basis flog selbsttätig, allerdings noch ohne Passagiere an Bord.

In Serie gehen soll jedoch die Hubschrauberdrohne vom Typ 2X. Diese sei elektronisch weiter ausgereift und aerodynamischer als der Prototyp, so Zosel. Beteiligt an der Volocopter GmbH ist mittlerweile der Automobilkonzern Daimler-Benz. Auch die ADAC-Luftrettung zeigt Interesse an der visionären Erfindung der Ingenieure, die zunächst bei Siemens in Karlsruhe-Knielingen und dann in Bruchsal ihr Flugprojekt voranbrachten.

Eine Machbarkeitsstudie, die auf eineinhalb Jahre angelegt ist und rund eine halbe Million Euro kostet, soll mit Forschungsflügen zeigen, ob der emissionsfreie Helikopter einsatzfähig ist. Bereits 2014 gab es einen öffentlichen Testflug des 450 Kilogramm schweren Lufttaxis in den Messehallen von Rheinstetten. »Wir haben mittlerweile alle technischen Probleme weitgehend zu unserer Zufriedenheit gelöst«, freut sich Zosel. Den Hightech-Tüftlern steht nun die Marktreife ihres Volocopters bevor. Inzwischen existiert auch eine Kooperation der Volocopter-Crew mit dem Frankfurter Flughafen. Dabei sollen die effiziente Anbindung der senkrecht startenden Flugtaxis an den Airport und die sonstige Verkehrsinfrastruktur getestet werden.

LAGE: Volocopter GmbH, Zeiloch 20, 76646 Bruchsal, www.volocopter.com

BADISCHER OBERRHEIN

LEICHTES FÜR GOURMETS

Walk'sches Haus in Weingarten

Als Gourmetadresse ist das Restaurant »Walk'sches Haus« in Weingarten weit über die Region hinaus bekannt. Seit 2014 führt Sternekoch Sebastian Syrbe gemeinsam mit Eigentümerin Kristina Trautwein das Haus, das neben einem Michelin-Stern auch 16 Punkte im »Gault & Millau« vorweisen kann. Syrbe bekennt sich für das neu »Zeit-Geist« genannte Restaurant zu einer leichten Küche auf höchstem Niveau mit asiatischem Einschlag. »Wir arbeiten eher gemüselastig, sehr puristisch, gerne mit süß-saurer Note«, betont der Küchenchef.

Im dazugehörigen »stil-bruch« wird eine Küche angeboten, die sich an den Jahreszeiten orientiert und auch bodenständig ist. Zudem besteht mit dem »teil-bar« ein Pop-up-Restaurant im Haus, das sich an ein jüngeres Publikum wendet. Es gibt hier keine klassische Menüfolge, stattdessen werden die Gerichte zum gemeinsamen Genuss in der Tischmitte für eine kulinarische Reise präsentiert. Wichtig ist dem ambitionierten Küchenchef, das gesamte Restauranterlebnis lockerer zu gestalten, als man es in der gemeinhin eher steifen Sternegastronomie kennt. Damit will er Berührungsängste vor der Haute Cuisine gerade beim jüngeren Publikum abbauen. Drei Restaurantbereiche unter einem Dach – für den interessierten Gast bedeutet das fast schon die Qual der Wahl.

Syrbe, der aus der Lausitz stammt, ist wie das Gros der Topgastronomen weit herumgekommen. Er arbeitete unter anderem in Basel, Berlin und auf Rügen. Bereits mit 26 Jahren zählte er zu den zehn besten Köchen Mecklenburg-Vorpommerns. Der Wahl-Badener hat seine Philosophie stets verfeinert und erfreut seine Gäste mit einer kreativen Küche. Neben klassischen Menüs gibt es immer wieder spezielle Events wie beispielsweise »Dine & Crime« (Krimi-Unterhaltung plus Drei-Gänge-Menü), »Cocktails & Tapas«, Küchenparty oder Kochkurse für angehende Meisterköche und solche, die es werden wollen. Im Romantik Hotel des Walk'schen Hauses, des pittoresken, ortsbildprägenden Fachwerkhauses im Zentrum der Winzergemeinde am Rande des Kraichgaus, bieten 26 Zimmer Unterkunft.

LAGE: Romantik Hotel Walk'sches Haus, Marktplatz 7, 76356 Weingarten, www.walksches-haus.de

ÖFFNUNGSZEITEN: dienstags bis samstags 18–24 Uhr

HALTESTELLE: Weingarten

WALK'SCHES
HAUS
Gaststuben

GIARE
GIARE

BADISCHER OBERRHEIN

TROPFEN DEGUSTIEREN

Weinmanufaktur Weingarten

Feine Tropfen aus dem Kraichgau, dem Kaiserstuhl und dem Markgräflerland offeriert die Weinmanufaktur Weingarten reichlich. Viele der Weine stammen aus der heimischen Region, dem Kraichgau, vornehmlich Grau- und Spätburgunder, Riesling und Auxerrois, die auf den Löss-, Lehm- und Muschelkalkböden besonders gut gedeihen und hier ihre fruchtige Note erhalten. Weitere edle Weine kommen aus der Sonnenkammer der Republik, aus Südbaden. Manufakturchef Frank Gauss ist nämlich auch Aufsichtsratsvorsitzender der Ersten Markgräfler Winzergenossenschaft Schliengen-Müllheim, die Weinmanufaktur ist eine Tochter dieser Genossenschaft.

Speziell aus der Verbindung mit Südbaden stammen unter anderem Chardonnay, Gutedel oder Gewürztraminer aus dem Markgräflerland. »Wir bieten hier an unserem Standort bei Karlsruhe die enorme Vielfalt hervorragender badischer Weine an. Bei einer Auswahl von mehr als 240 Weinen ist wohl mit Sicherheit für jeden etwas dabei«, erklärt Gauss, der vor Ort von Sommelier Frank Schulte und Wein-Beraterin Barbara Grimm unterstützt wird. Gerade die Beratung, unter anderem, welcher Vinum zu welchem Menü am besten passt, liegt dem Team am Herzen. »Es ist doch schön, Einsteigern beispielsweise das feine Brombeer-Bouquet mit dezenten Mandelaromen eines Pinot Noir näherzubringen«, betont Manufakturchef Gauss.

So gibt es immer wieder Degustationen in Form von Weinproben in der Manufaktur am Kirchberg, die früher unter dem Namen Winzergenossenschaft Weingarten firmierte. Zudem werden etliche Seitenprodukte des Anbaus angeboten wie Traubenkernöl, Glühweingelee, Weinnudeln oder Spätburgundersenf. Auch reichlich Brände, Liköre, 100 verschiedene Sekte oder gar badischer Whisky werden im Sortiment der Vinumexperten geführt. Mit der Gastronomie der Region Nordbaden arbeitet die Weinmanufaktur eng zusammen – beispielsweise mit dem Sternerestaurant »Walk'sches Haus« am Ort.

LAGE: Weinmanufaktur Weingarten, Kirchbergstraße 17, 76356 Weingarten, www.wein-weingarten.de

ÖFFNUNGSZEITEN: montags, mittwochs, samstags 9.30–13.00, dienstags, donnerstags, freitags 9.30–18.00 Uhr

HALTESTELLE: Weingarten

ELSASS

HANDWERK VON EINST

Bauernhofmuseum Kutzenhausen

Längst zu einer Institution ist das Bauernhofmuseum »Maison Rurale de l'Outre-Forêt« in Kutzenhausen unweit von Soultz-sous-Forêts geworden. »Uns ist wichtig, das kulturelle und historische Erbe der Generationen vor uns weiterzugeben. Die alten Techniken und das Wissen dürfen nicht aussterben. Die Jugend soll erfahren, wie ihre Großeltern gelebt haben«, sagt Museumsmitarbeiterin Sonja Fath in einem Klassenzimmer von anno dazumal. Auf die Zeit von 1920 bis etwa 1950 konzentriert sich die »Maison Rurale«. Einblicke in das bescheidene bäuerliche Leben im Elsass der Vergangenheit erhalten die Interessierten zuhauf.

Akribisch wurden in dem auf mehrere Gebäude verteilten Museum mit Scheune, Werkstätten, Backstube oder Bauernhaus die Artefakte eines verschwundenen bäuerlichen Lebens zusammengetragen. Das Vieh war damals sozusagen Teil der Großfamilie. Der Speck hing zuweilen mitten im Wohnraum. Freizeit, wie wir sie heute kennen, gab es nicht. In der »freien Zeit« wurde repariert oder geflickt.

Alte Handwerksberufe wie die des Wagners, Strohschneiders, Seilers oder Korbflechters werden auf dem Gelände nachgezeichnet. Auffällig, wie spezialisiert die Werkzeuge für die Handwerksberufe waren – zu Zeiten, als der Wagner noch zur Spannsäge oder zum Schabhobel griff. Äußerst detailliert sind beispielsweise die Werkanleitungen zum Bau eines Wagenrads im 19. Jahrhundert. Eindrucksvoll ist auch die alte Schmiede mit Amboss und unzähligen Zangen in allerlei Größenordnungen oder das Heim des Schuhmachers in kargem Gemäuer.

Auch Nutztiere werden im Bauernhofmuseum gehalten. »Manche Schulklassen denken fast, sie wären in der Steinzeit gelandet – so unvorstellbar weit weg ist ihnen das hier. Dabei ist das gerade mal einige Generationen her, aber es unterscheidet sich eben doch fundamental vom modernen Leben, wie wir es heute kennen«, resümiert Fath. Das Museum bietet ferner regelmäßig Workshops zum Brotbacken, Böttchern (Fassbau für Wein), Imkern oder Stoffnähen an.

LAGE: Maison Rurale de l'Outre-Forêt, 1 Rue de l'Église, 67250 Kutzenhausen, www.maison-rurale.fr

ÖFFNUNGSZEITEN: Mai bis September dienstags bis sonntags 11.00–18.00 Uhr, im Winter kürzer

HALTESTELLE: Soultz-sous-Forêts

mape
S.N.E.A
CHANTIER INTERDIT
AU PUBLIC
DEFENSE DENTRER

ELSASS

SCHWARZES GOLD

Erdölmuseum Merkwiller-Pechelbronn

Wer an Erdöl denkt, dem fallen wohl zunächst einmal Saudis ein, die mit Petroldollars zu unermesslichem Reichtum gekommen sind. Allerdings: Schon weit früher wurde in der alten Welt Erdöl gefördert. Einer der ältesten Fundorte in Europa liegt im Elsass, genauer: in Merkwiller-Pechelbronn bei Haguenau. Bereits im Jahre 1498 wurden dort Erdölfunde das erste Mal dokumentarisch erwähnt. Im Jahre 1740 wurde hier mit der »Pétrole d'Alsace« gar eine der ältesten Erdölgesellschaften der Welt gegründet. Etwa um die Mitte des 18. Jahrhunderts begann die industrielle Förderung.

Ein kleines, aber feines Museum in Merkwiller-Pechelbronn erinnert nun an die Blütezeit des »schwarzen Goldes« in Frankreich. »Wenn man von Erdöl spricht, sollte man unseren Ort nicht vergessen. Schon im Mittelalter wussten die Menschen etwas mit dieser wertvollen Substanz anzufangen«, erläutert Pascale Roll, die durch das Museum führt. Selbst zur Wundheilung wurde die schwarze Salbe einst benutzt, ehe Fördertürme in großer Zahl die dunkle Substanz aus dem Erdreich pumpten. 75 000 Tonnen wurden auf den Ölfeldern der Region Jahr für Jahr gefördert. Um 1950 stellte die Erdölfördergesellschaft noch einen der größten Arbeitgeber des Départements dar.

Ende der1950er begann der Abstieg des Industriezweigs im nördlichen Elsass – zeitgleich mit der Erschließung gigantischer Ressourcen in den arabischen Ländern. Das »elsässische Texas« hatte ausgespielt. Schon Jahrzehnte zuvor waren die wandernden Schmierölverkäufer, die einst das Bild des Elsass prägten und von Dorf zu Dorf zogen, aus dem Landschaftsbild verschwunden. 1970 war schließlich endgültig Schluss mit der Förderung, die sich auf Paraffine und Motorenöle konzentriert hatte. Es lohnte sich einfach nicht mehr.

Aber: Die Förderpumpen, die dem Landstrich einst einen veritablen Wohlstand verschafften, sind auch heute noch rund um das verschlafen wirkende Örtchen zu sehen.

LAGE: Musée du pétrole, 4 Rue de l'École, 67250 Merkwiller-Pechelbronn, www.musee-du-petrole.com

ÖFFNUNGSZEITEN: April bis September mittwochs bis freitags und sonntags 14.30–18.00 Uhr, Juli und August auch dienstags und samstags

HALTESTELLE: Hoelschloch-Surbourg

LEINENSTOFF MIT KAROS

Kelsch d'Alsace in Seebach

Es gehört zum Elsass wie der Gugelhupf, das Sauerkraut oder der Storch – Kelsch, das Leinengewebe mit dem blauen oder roten Karomuster. Jede Familie hatte in früheren Zeiten ihr eigenes Muster für die Bettwäsche aus Leinen, auch aus Baumwolle und zuweilen aus Hanf. Eine, die das alte Textilhandwerk am Leben erhält, ist Pia Clauss. Die gelernte Schneiderin hat ein Atelier mit Namen »Kelsch d'Alsace« in Seebach bei Wissembourg, das Letzte seiner Art. Ihre Kunden kommen deshalb auch aus Strasbourg oder Colmar. Mit der Historie des Stoffs kennt sie sich bestens aus.

»Die roten Muster standen für die Katholiken, die blauen für die Protestanten.« Von der Qualität des naturfarbenen Leinenstoffes ist sie völlig überzeugt. »Kelsch hat eine ganz eigene Haptik, das lässt sich sehr angenehm greifen und fühlen. Im Winter hält es warm, im Sommer kühlt es.« Clauss verkauft Schürzen, Kissen, Schals, Bettwäsche, Geschirrtücher, Tischdecken, Läufer oder Lavendelkissen mit dem beschaulichen Kachelmuster. Früher produzierten vornehmlich Bäuerinnen das langfaserige Leinengewebe mit den kleinen Quadratmustern abends an Webstühlen in mühevoller Heimarbeit. »Hochwertige Kelsch-Bettwäsche zählte in früheren Zeiten zur Aussteuer der Braut. Über den Winter hat die Jungfrau das Bettzeug für die Hochzeit gewebt«, weiß Pia Clauss, die das alemannische Elsässisch spricht. Das Garn für die Karomuster wurde zuvor mit dem Extrakt von Pflanzen gefärbt, das Blau kam vom Färberwaid (ursprünglich aus Köln, daher der Name Kelsch) und das Rot vom Färberkrapp. Diese Pflanze, deren Wurzel die Farbe enthält, wuchs im 18. und 19. Jahrhundert in der Region Haguenau. Das Atelier erhält den fertigen Stoff von einer Weberei bei Mulhouse. Mit zwei Mitarbeiterinnen und mehreren Nähmaschinen wird das Material kreativ bearbeitet. Dabei hat Clauss eine kleine Kollektion mit Stofftieren, Herzen und Kissen ihrer 2010 mit 15 Jahren verstorbenen Tochter Hélène gewidmet. Der Erlös geht an das Universitätskrankenhaus in Strasbourg.

INFO: »Kelsch d'Alsace«, 11, Route de Schleithal, 67160 Seebach, www.kelschdalsace.com

ÖFFNUNGSZEITEN: dienstags, donnerstags, freitags 9.00–12.00 und 14.00–18.00, mittwochs 9.00–12.00, samstags 9.00–12.00 und 13.30–16.00 Uhr

HALTESTELLE: Riedseltz

KOTHE

ELSASS

BRÄNDE AUS STREUOBST

Liqueurs Steiner in Preuschdorf

Nach alten Rezepten produziert Patrick Steiner in Preuschdorf bei Woerth Schnaps und Liköre, die er im eigenen Hofladen offeriert. »Das ist ein echtes Naturprodukt aus dem Elsass. Wir benutzen lediglich Obst, Alkohol und Kandiszucker. Konservierungsmittel und Farbstoffe gibt es bei uns nicht. Die Qualität steht an erster Stelle«, sagt der 48-Jährige aus dem Sauertal. Ob wilde Mirabellen, Kirschen, Zwetschgen, Birnen, Quitten oder Nüsse – auf sechs Hektar Streuobstwiesen erntet er die Früchte für seine Brände, die er in rund 30 Sorten anbietet.

Auf eines ist der Elsässer besonders stolz. 2017 erhielt sein Mirabellenschnaps die Bronzemedaille bei der Europameisterschaft der Edel-Brenner in Österreich. »Da wurden die besten Brände des Kontinents bewertet, und ich kam mit meinem Destillat auf Rang drei. Das freut mich schon ein bisschen«, sagt der bescheiden wirkende Mann. Selbst im renommierten französischen Gastro-Führer Gault & Millau wird »Liqueurs Steiner« erwähnt. Das Geheimnis seiner Brände? »Das Wichtigste ist, sich Zeit zu nehmen beim Brennen. Der Schnaps wird bei mir zweimal gebrannt, ganz klassisch auf Holzfeuer. Dies ist das traditionelle Verfahren, und das macht eben den speziellen Geschmack aus«, so der Produzent.

Seine Verkaufsschlager sind Klassiker wie Williams Birne, Kirsch und natürlich sein preisgekrönter »Wilde Mirabelle«, der 18 Monate im Barriquefass reift. Außerdem ist Steiner der Einzige im Elsass, der einen Schnaps mit Mandelgeschmack anbietet. Über seine gesamte Produktion sagt er: »2004 habe ich gerade mal 200 Liter produziert. Heute, 2019, bin ich bei mehr als 45 000 Litern pro Jahr.« Beliebt sind auch seine Liköre in Geschmacksrichtungen wie Heidelbeere, Erdbeere, Kastanie oder Gewürztraminer. Jeweils am ersten Maiwochenende beginnt der Landwirt mit der Ernte der ersten Früchte. Besonders stolz ist er auf seine 130 historischen Apfelsorten. Die Pomologie – also die Obstbaukunde – sei für ihn wichtig als Basis für beste Qualität. Neben seinem Hofverkauf veräußert er seine Brände auch auf deutsch-französischen Bauernmärkten im Elsass und in der Pfalz.

LAGE: Liqueurs Steiner, 27 Rue de l'Église, 67250 Preuschdorf

ÖFFNUNGSZEITEN: Telefon 00 33 3 88 80 77 20

ELSASS

ZEITREISE MIT PUPPEN

Museum in Hatten

Es ist eine ziemliche Überraschung, die man in einem Hinterhof von Hatten bei Soultz-sous-Forêts erlebt: Direkt an der Hauptstraße des Dorfes befindet sich das Museum »La Cour de Marie«, das von Natalie und Jean-Claude Freyermuth betrieben wird – eine Wunderkammer mit Schätzen aus der Vergangenheit.

In der Scheune des unscheinbaren Hofes hat das Paar allerhand Alltagsgegenstände von einst gehortet, historische Nähmaschinen, alte Solex-Mopeds, Kinderwagen von 1870, Radios, Traktoren, Landwirtschaftsmaschinen und sogar einen komplett eingerichteten Friseursalon aus den 1950er-Jahren.

»Wir möchten die Geschichten von früher erzählen, zeigen, wie das Elsass einmal aussah. Zudem möchten wir alten Dingen wieder eine Seele einhauchen«, sagt Natalie Freyermuth fast ein wenig poetisch. Kein Wunder, die Frau ist nicht nur passionierte, sondern auch lizenzierte Geschichtenerzählerin. Man hört der Elsässerin gerne zu, wenn sie Geschichten über die Puppen von Raynal, einer berühmten Manufaktur in Paris, erzählt. Ihre Puppensammlung ist auch der Blickfang ihres Museums. Das Gros sind handgenähte Puppen ab 1922. Erstaunlich, wie zeitlos manche Puppe heute noch wirkt. »Diese Puppe hat 1954 Charles de Gaulle der englischen Prinzessin Anne geschenkt«, weiß Freyermuth zu berichten, während sie auf eines ihrer Objekte deutet. Ihr liebstes Stück ist jedoch die Puppe Rosalie, mit der sie selbst noch als Kind gespielt hat.

In »La Cour de Marie« findet sich hier eine Peugeot-Nähmaschine aus dem 19. Jahrhundert, dort ein Oceanic-Radio von 1950 oder ein Staubsauger von 1924 – es gibt in der Scheune vieles zu entdecken. Ein Raum ist ganz der Landwirtschaft gewidmet. »Das südliche Elsass steht für den Wein, das nördliche Elsass für die Kartoffel«, erläutert Natalie Freyermuth. In der Gaststube des Museums gibt es Kuchen, von der Hausherrin höchstpersönlich gebacken.

LAGE: Musée »La Cour de Marie«, 49, Rue principale, 67690 Hatten, www.lacourdemarie.fr

ÖFFNUNGSZEITEN: Mitte April bis Mitte Oktober samstags 10.00–12.00 und 13.30–18.00 Uhr, sonntags 14.00–17.30 Uhr

HALTESTELLE: Roppenheim, Hoffen

Maison Rurale
Exposant
Moulin à huile
Olmühle
Huile de noix
Jaming Chrétien
13 rue principale
Pfaffenbronn
67510 LEMBACH
Moulin à huile
Olmühle
HUILE DE COLZA
Jaming Chrétien
13 rue principale
Pfaffenbronn
67510 LEMBACH

ELSASS

AROMA VON NÜSSEN

Ölmühle in Lembach-Pfaffenbronn

Seit 1827 tut sie bereits ihren Dienst – die Ölmühle von Lembach-Pfaffenbronn im Nordelsass. Chrétien Jaming betreibt sie in der fünften Generation. Schon beim Betreten des dunklen Mühlraums mit dem markanten Kopfsteinpflaster fühlt man sich in eine andere Zeit zurückversetzt. »Früher sind hier noch die Pferde im Kreis gelaufen, um die großen Mahlsteine zu bewegen. Heutzutage benutzen wir Motoren«, erklärt Jaming, während er Walnüsse im Becken des Mühlsteins verteilt. Die beiden Mahlsteine – aus dem Sandstein der Vogesen gehauen – wiegen jeweils eine Tonne. Langsam arbeiten sie sich über die zerquetschten Walnüsse hinweg und bilden einen leichten Film auf dem Stein.

Das außergewöhnliche Aroma des Walnussöls, das Jaming in Handarbeit zubereitet, hat sich herumgesprochen. Schließlich gibt es nicht mehr viele, die ein derartig hochwertiges Speiseöl handwerklich herstellen. Selbst aus Belgien oder Luxemburg hat er Kundschaft. Auch mancher Küchenchef vertraut auf Jamings kalt gepresstes Öl.

Nach der Prozedur mit den Mahlsteinen wird die Walnussmasse auf 30 bis 40 Grad erwärmt. Mehr nicht. Anschließend wird sie mittels einer weiteren Maschine »hydraulisch kalt gepresst«. 24 Tonnen wirken auf die Masse, die zuvor in Leinentücher gepackt wurde.

»Für mich es schön, diese Tradition fortzuführen. Man benötigt ein gutes Auge und viel Erfahrung«, sagt Jaming. Vor 50 Jahren hat er mit seinem Vater die alte Ölmühle restauriert und die hölzernen Zahnräder erneuert. Ansonsten tut das Mahlwerk seinen Dienst noch genauso wie damals. Die Feinschmecker, die ihre Nüsse abliefern, um später eine Flasche mit feinem Öl für Salatsoßen, Marinaden oder Pesto zu erhalten, können bei der Prozedur zuschauen. Eine Stunde dauert es, bis der flüssige Extrakt aus 20 Kilogramm Wal- oder Haselnüssen in einer Dreiviertelliterflasche endet. Den Landwirt, der gut Deutsch spricht, freut es, dass bei dem Naturprodukt kein Öl wie das andere schmeckt. Da er zudem als Imker arbeitet, kann man in seinem Hofladen auch Honig erstehen.

LAGE: **Moulin à huile, 13 Annexe, 67510 Lembach-Pfaffenbronn**

ÖFFNUNGSZEITEN:
Telefon 00 33 6 20 21 15 40

ELSASS

PRALINEN HAUSGEMACHT

Pâtisserie Rebert in Wissembourg

Für manchen ist es sicher ein kleines Paradies – das Reich von Daniel Rebert. Der gebürtige Elsässer ist Chocolatier und einer der Besten seiner Zunft. Laut dem Gastro-Führer Gault & Millau zählt er zu den 40 besten Chocolatiers in Frankreich. Und die Pâtisserie Rebert in Wissembourg hat längst eine Reputation, die weit über das Elsass hinausgeht. Rebert setzt auch gerne auf ungewöhnliche Geschmacksvarianten, um Pralinen oder Marzipankugeln den speziellen Kick zu verleihen.

In den heiligen Hallen der Pâtisserie finden sich süße Erzeugnisse in fast allen erdenklichen Variationen – so weit das Auge reicht. Düfte von Zimt und Mandeln umnebeln im Nu die Sinne. Pralinés, Macarons, Törtchen und viele weitere Kreationen locken den Gaumen. Eine gute Nachricht hat der freundliche Mann mit der Kochhaube im Übrigen vorneweg: »Von guter Schokolade wird man nicht dick«, meint er und lächelt.

Reberts Macarons sind ein Gedicht, ebenso seine Éclairs. Wenn er über seine Kreationen spricht, die auf der Zunge schmelzen, gerät Rebert ins Schwärmen. »Es geht darum, der Schokolade auf sanfte Art und Weise eine Seele einzuhauchen.« Damit die Poesie aus Zimt, Vanille und Schokolade auch wirklich zu einem Gedicht wird, nutzt er Kakaobohnen feinster Qualität. »Wir beziehen sie aus Trinidad oder Madagaskar. Das garantiert uns die Basis für hochwertige Produkte.« Die Kunden danken es ihm.

Kollegen aus Japan oder Marokko gibt Rebert gelegentlich einen Einblick in seine geheime Kunst des Schokolademachens. Auch Bürger aus der Region haben Gelegenheit, dem Meister über die Schulter zu blicken. Seit vielen Jahren besteht eine Kooperation mit der deutsch-französischen Pamina-Volkshochschule in Wissembourg. In Workshops führt der 57-Jährige die Novizen in die Materie ein. Gelernt hat Rebert sein Handwerk in Paris, ehe er ins Elsass zurückkehrte, um den elterlichen Betrieb zu übernehmen. Mittlerweile ist der Chocolatier ein echter Tourismusfaktor für das Städtchen Wissembourg geworden.

LAGE: Pâtisserie Rebert, 7, Place du Marché aux choux, Wissembourg, https://patisserie-rebert.fr

ÖFFNUNGSZEITEN: dienstags bis freitags 7.30–18.30, samstags 7.00–18.00, sonntags 8.00–18.00 Uhr

HALTESTELLE: Wissembourg

REBERT

ELSASS

BLAUES DORF MIT GARTEN

Uttenhoffen

Farbenfroh präsentieren sich die Fachwerk- und Bauernhäuser im Elsass seit jeher. Gänzlich in Blau zeigt sich dagegen Uttenhoffen. Eine seit dem 16. Jahrhundert bestehende Fabrik im nahe gelegenen Bouxwiller produzierte aus Mineralien, die in den Vogesen abgebaut wurden, unter anderem die Preußischblau, Französischblau oder Hanauer Blau genannte Farbe. Mit ihr wurden die Häuser gestrichen.

Für die Hugenotten, die im 17. Jahrhundert in der Gegend Zuflucht fanden, war das Blau auch ein Zeichen ihres protestantischen Glaubens. In Uttenhoffen zieht vor allem der »Jardin de la Ferme Bleue« (Garten am blauen Bauernhof) Besucher an.

Hier steht das älteste Haus des Dorfes, es stammt aus dem Jahr 1648 und ist von einem privaten Park umgeben. Er wurde vom Gartenarchitekten Jean-Louis Cura und dem Designer Alain Soulier gestaltet. Ob im Gemüsegarten, im italienischen Garten oder im Kristallgarten – in der Anlage, die geschmackvoll mit allerlei Trödel bestückt wurde, blüht das Herz nicht nur der Gartenfreunde mächtig auf. Im Fachwerkensemble des Bauernhofs auf 1700 Quadratmetern gibt es zwischen Mai und September sonntags Brunch. Wechselnde Skulpturenausstellungen finden dort ebenfalls statt. Bemerkenswert ist auch die exzentrische Sammlung von Lampenschirmen im Garten. Für Übernachtungen stehen auch Gästezimmer zur Verfügung. Und was gibt es Herrlicheres, als inmitten des opulenten Grüns sein morgendliches Baguette zu verspeisen und dabei seinen Café au Lait zu genießen?

Dank der Arbeitsamkeit der Hugenotten wurde das Dorf bei Haguenau eines der reichsten der Region. Die blaue Wandfarbe enthielt übrigens früher noch giftiges Blei und soll die Fliegen scharenweise getötet haben. Bemerkenswert für den Ort mit der »blauen Oase« am Rand der Nordvogesen ist auch, dass sich hier die kleinste Kirche im Elsass finde.

LAGE: Jardin de la Ferme Bleue, 21 Rue principale, 67110 Uttenhoffen, www. jardinsdelafermebleue.com

ÖFFNUNGSZEITEN: Mai bis Mitte September dienstags bis samstags 12.00–18.00, sonntags 10.30–18.00 Uhr

HALTESTELLE: Gundershoffen

KRAICHGAU

HERR ÜBER DIE ZEIT

Art & Antik in Ispringen

Es hat durchaus etwas Meditatives – ein Besuch im Atelier von Thomas Langenströer in Ispringen bei Pforzheim. Wohin man auch schaut – französische Kamin- und Wanduhren aus dem frühen bis späten 19. Jahrhundert. »Ich mag die Atmosphäre. Es ist ganz eigen. Zudem habe ich mich schon immer für historische Dinge interessiert«, sagt der 62-Jährige. In ganz Europa ist er auf Antikmärkten unterwegs und kauft die opulenten, meist beschädigten Uhren aus der Produktion der Grande Nation. Praktischerweise ist er nicht nur Händler und Liebhaber, sondern auch Restaurator.

»Meist habe ich mit verharztem Öl, ausgeleierten Lagern oder einem nicht vorhandenen Pendel zu tun. Aber unter jahrhundertealtem Schmutz findet sich oft ein Kleinod, das es zu retten gilt«, weiß Langenströer aus langjähriger Erfahrung. Bei der Aufarbeitung geht er akribisch vor. Zahnrad um Zahnrad, Schraube um Schraube richtet der Autodidakt. »Stunden zählen darf ich besser nicht. Aber es ist nun mal meine Leidenschaft. Ich bin von Haus aus Tüftler und gehe Dingen gerne auf den Grund«, sagt der Mann achselzuckend. Stolz zeigt er auf eine Uhr mit springender Zentralsekunde aus der Pariser Manufaktur Jacot. Oder eine Kaminuhr mit rotem Schildpatt aus napoleonischer Zeit sowie eine Pendeluhr im Empirestil von Charles Dix aus der Zeit um 1850.

Erstaunlich, wie aufwendig die Uhren gestaltet sind. Oft sind sie mit Tieren, Jünglingen oder Figuren der christlichen Mythologie ausgestattet. Dies sind im Grunde kleine Statuetten. Von der nüchternen Funktionalität der heutigen Zeit sind die dekorativen Meisterwerke einer vergangenen Epoche weit entfernt. Besonders schätzt der Profi die populären Comtoise-Uhren aus der Franche-Comté im französischen Jura sowie generell die Ära des Jugendstils. Das Gros seiner imposanten Regulatoren stammt jedoch aus den Jahrzehnten vor der Epoche des »Art nouveau«. Neben Reparatur und Verkauf bietet Langenströer auch Uhrenreparierkurse an, bei denen die Teilnehmer ihr Lieblingsstück mitbringen und dann unter Anleitung selbst zum Laufen bringen.

LAGE: Art & Antik, Ersinger Straße 2, 75228 Ispringen, www.art-und-antik.net

ÖFFNUNGSZEITEN: donnerstags bis samstags 11.00–18.00 Uhr

HALTESTELLE: Ispringen

Königsbacher
Pils

KRAICHGAU

WISSEN ÜBER BIER

Getränke Ackermann

Beim Wein kennt man ihn ziemlich gut – den Sommelier, der in Spitzenrestaurants die Gäste berät. Seit etlichen Jahren gibt es den Verkoster und Ratgeber auch in Sachen Gerstensaft. Etwa 500 zertifizierte Bier-Sommeliers soll es weltweit geben. Thorsten Ackermann aus Königsbach-Stein bei Pforzheim ist einer von ihnen. Der 45-Jährige hat sich dazu in der Braumeister-Schule in Gräfelfing bei München ausbilden lassen und zählt zu den Pionieren der Zunft.

Ein probates Rezept hat der 1,90-Meter-Mann aus dem Enzkreis für seine Tätigkeit gefunden: »Am meisten begeistert man die Menschen, wenn man ihnen einen Aha-Effekt bietet, so wie früher im Chemieunterricht. Man muss überraschen«, meint er und demonstriert diesen Effekt anhand eines bayerischen Weizenbieres, das mit Sekthefe hergestellt wird und entsprechend außergewöhnlich schmeckt.

Als Nächstes »stachelt« er ein Bockbier. Das heißt, er steckt einen glühenden Metallstab in das Getränk, der Zucker wird dabei karamellisiert, und siehe da, das Bockbier schmeckt plötzlich wie ein Karamellbonbon. Selbst Pils mit Chilischokolade bietet er an.

Am meisten jedoch überrascht die Aussage des Bierexperten: »Ich trinke so gut wie keinen Alkohol. Ich vermeide das eigentlich, so gut es geht«, sagt er schmunzelnd, schiebt aber gleich hinterher: »In meinem Sujet muss man sich ständig weiterbilden. Mein Ziel ist es schlicht und ergreifend, Wissen weiterzugeben.«

Deshalb lernte der Getränkehändler so ziemlich alles über Herstellung, Historie, Sensorik, Sortenvielfalt, Schanktechnik, Menübegleitung und Geschmacksrichtungen von Bier bis hin zum eigenen Brauen. Seine Kenntnisse über den Gerstensaft gibt Ackermann, der sichtlich stolz darauf ist, zur erlesenen Gilde der Bier-Sommeliers zu zählen, in Seminaren weiter. Einen aktuellen Trend sieht der Getränkeexperte im Craft-Beer-Sektor. Dabei handelt es sich um handwerklich gemachte Biere von kleinen bis kleinsten Brauereien, meist mit unkonventionellen Geschmacksnoten. Sie unterscheiden sich von herkömmlichen Industriebieren deutlich.

LAGE: Getränke Ackermann, Steiner Straße 68, 75203 Königsbach-Stein

ÖFFNUNGSZEITEN: Telefon 07232-311380

KRAICHGAU

ZAUBER AUF DEM DACH

Raußmühle bei Eppingen

Keine Frage, Frank Dähling ist ein echtes Unikum. Der 77-Jährige mit dem Rauschebart ist Volkskundler, Mühlenbesitzer und Umweltschützer in Personalunion. Er lebt in der Raußmühle bei Eppingen, die 1334 erstmalig urkundlich erwähnt wurde. Aber nicht allein. Lebensgefährtin Heidi Böck, rund 40 Schafe, acht Ziegen, Hühner, Gänse und Enten, die einen schon am Eingang begrüßen, teilen das Leben mit ihm. Es ist ein Leben mit der Natur im Einklang mit den Jahreszeiten. Dabei ist der Mann auch ein leidenschaftlicher Sammler.

Auf dem Dachboden der Mühle offenbart sich ein riesiges Panoptikum. »Zauber auf dem Dach« nennt er seine Kollektion von Ziegeln. Schon in der Antike wurden Dach- und Mauersteine mit Symbolen zur Abwehr böser und zur Versöhnung guter Geister verziert. Seine Ausstellung zeigt Abwehrzeichen und Heilsformeln, Bann-, Schutz- und Segenssprüche. Hexagramme und Pentagramme, Jahreszahlen und Monogramme erzählen vom Leben und Denken der Ziegler, von Volksfrömmigkeit und Aberglauben.

»Ich sehe das als einen unglaublichen Schatz an. Es wäre ein gigantischer Verlust, wenn dies alles verloren ginge«, meint der Altfreak, der bereits seit 1975 in der Mühle im Naturpark Stromberg-Heuchelberg lebt.

Doch damit nicht genug. Im Museum auf dem Dachboden finden sich noch zahlreiche weitere Schätze. Von der Gelehrtenstube bis zur spätmittelalterlichen Rauchküche offenbart sich eine schier unglaubliche Vielfalt von Seltsamem und Sehenswertem: Utensilien der Schuhmacher, Wagner, Drechsler, Schmiede und Küfer, alte Schlüssel und Schlösser bis hin zu historischen Maltersäcken (Getreidesäcke der Mühlen) und Rechen oder einer imposanten Sammlung von Mausefallen. Es ist wie ein Eintreten in eine längst verblichene Welt – die man im Übrigen erst betreten darf, nachdem der Kauz, der ein wenig an die schrullige Fernsehfigur »Catweazle« erinnert, einen Spruch an der Pforte des historischen Gebäudes aufgesagt hat.

LAGE: Raußmühle, Sulzfelder Weg 40, 75031 Eppingen, www.raussmuehle.de

ÖFFNUNGSZEITEN: an Publikumstagen oder nach Absprache

HALTESTELLE: Eppingen West

KRAICHGAU

VERLIEBT IN BÜGELEISEN

Schlossmuseum Gochsheim

Es war Liebe auf den ersten Blick. Heinrich Sommer war gerade mal 19, als er die beiden sah – im Spanienurlaub beim Trödler. Als sie ihn anblitzten, war es um ihn geschehen. Zwei gusseiserne Bügeleisen fanden spontan den Weg in das Herz des Karlsruhers. Die blieben aber nicht allein. Über 1400 weitere Exemplare kamen hinzu. Inzwischen verzeichnet das »Guinnessbuch der Rekorde« den 70-jährigen Juristen als Weltrekordhalter im Bügeleisensammeln.

Heinrich Sommers Frau Heidrun schmunzelt. »Am Anfang dachte ich, das legt sich wieder. Das kriegen wir schon wieder hin.« Weit gefehlt. Auch sie wurde im Laufe der Zeit vom Sammelvirus befallen. Die Hausfrau mit den meisten Bügeleisen der Welt nahm es mit Humor und wurde selbst zur Expertin für die metallischen Glattmacher. Oder wie der Gatte scherzhaft anmerkt: »Ich sammle, sie bügelt.« Worin für ihn die Faszination der Bügeleisen besteht, da muss er nicht lange überlegen: »Es gibt wohl keine Energieform, die bei Bügeleisen nicht ausprobiert wurde. Und natürlich gefällt mir das Design der verschiedenen Epochen.« Zärtlich streichelt der Rechtsanwalt über ein bretonisches Bügeleisen aus dem 18. Jahrhundert. Bei Weitem nicht das älteste Stück. »Die ältesten Bügeleisen stammen aus China und sind weit über 600 Jahre alt«, weiß der Sammler. Besonders angetan haben es ihm historische Eisen aus Süddeutschland und Österreich. Oder das futuristische Tilley-Eisen aus den 1940er-Jahren. »Das Design geht in Richtung Colani«, sagt der stolze Besitzer, der das Prachtstück einst auf dem Flohmarkt für zwölf Mark erworben hat. Komplett ist der Rekordhalter allerdings längst nicht. Das ginge wohl auch gar nicht bei dem »Artenreichtum« der Plätteisen.

Im Schlossmuseum des pittoresken Kraichgau-Städtchens Gochsheim sind die kleinen Schätze in einer ständigen Ausstellung zu sehen. Für die Privatwohnung wurden die gewichtigen Bügeleisen einfach zu schwer. »Hier ist ein sehr guter Ort, um meine Sammlung angemessen zu präsentieren«, freut sich Heinrich Sommer.

LAGE: Graf-Eberstein-Schloss, Hauptstraße 89, 76703 Kraichtal-Gochsheim, www.kraichtal.de/index.php?id=163

ÖFFNUNGSZEITEN: Februar bis November sonntags 14.00–17.30 Uhr

HALTESTELLE: Gochsheim

KRAICHGAU

GLÜCK AUS DER MÜHLE

Sweet & Lucky in Gondelsheim

Das Erste, was einem beim Betreten der Produktionshalle in die Nase steigt, ist ein unwiderstehlicher Vanillegeruch. Der Besucher fühlt sich wie in das wohlriechende Gewürz eingehüllt. Wohin sich das Auge auch wendet, überall stehen Kisten in Blau, Rot oder Gelb – vollgepackt mit Glückskeksen. In Gondelsheim bei Bretten ist das Glück zu Hause. Der Familienbetrieb »Sweet & Lucky« produziert pro Jahr über 45 Millionen Stück des Gebäcks, das sich besonders bei Chinesen großer Beliebtheit erfreut.

Die kleinen Botschaften im Teiggebäck, das oft am Ende einer Mahlzeit gereicht wird, haben in Asien eine Tradition, die bis ins 13. Jahrhundert zurückreicht. Und der Betrieb im badischen Kraichgau ist der größte Hersteller von Glückskeksen in Deutschland und ein Global Player. Ob in Supermärkten in Frankreich, in Australien oder in den USA – die Chance, auf Glücksgebäck aus Gondelsheim zu stoßen, ist hoch. Exklusivverträge mit diversen Lebensmittelkonzernen machen die Produktion für »Sweet & Lucky« offensichtlich gewinnbringend. Auch das Gros der deutschen Chinarestaurants sowie Werbemittelproduzenten weltweit werden von dem Unternehmen beliefert.

Entsprechend aufgeräumt ist die Geschäftsführerin des Unternehmens, Viktoria Brauch, die das einträgliche Geschäft mit Fortuna seit 2003 aufgebaut hat. »Es macht Spaß, so ein Produkt anzubieten. Wir erhalten im Grunde auch nur positive Resonanz. Glück kann ja bekanntlich jeder gebrauchen«, meint die gelernte Müllermeisterin lächelnd. Die Idee zur Glückskekseherstellung kam der 50-Jährigen, als sie von Verwandten aus den USA ein Paket mit dem Gebäck erhielt. »Das können wir auch«, dachte sich Viktoria Brauch, die gemeinsam mit ihren Geschwistern Christoph und Alexandra das Unternehmen gründete. Zupass kam ihnen, dass eine Mühle im Familienbesitz war, die schon vom Ururgroßvater betrieben wurde. Als sich Schwester Alexandra dafür entschied, eine Druckerei in Bayern zu übernehmen, war schnell geklärt, wie die Glücksbotschaften gedruckt werden. Für die Produktion in Gondelsheim ist Bruder Christoph verantwortlich. Das familiäre Trio arbeitet so Hand in Hand an seiner Erfolgsgeschichte – den Glückskeksen sei Dank.

LAGE: Sweet & Lucky,
Mühlstraße 20, 75053 Gondelsheim,
www.glueckskekse.de

Micha
Telefon & Fernmelde

KRAICHGAU

FRÜHE FERN-SPRECHER

Telefonmuseum Remchingen

Welche er am liebsten hat? Diese Frage sollte man Michael Hildwein am besten nicht stellen. Es sind einfach zu viele. Rund 500 Telefone aus aller Herren Ländern und Epochen hat er in seinem Telefonmuseum in Remchingen bei Pforzheim gesammelt. »Ich mag sie irgendwie alle gerne«, meint der Mann schulterzuckend. Ob ein japanisches Münztelefon aus den 60er-Jahren, ein Porzellantelefon aus Rumänien, ein Fernsprecher im Bauhausstil oder ein antikes Teil aus der Zeit um 1910 – allerhand Kurioses versammelt sich in dem Museum.

Schon das Gebäude ist speziell. Es handelt sich um das frühere Stellwerk an den Gleisen des Bahnhofs Wilferdingen-Singen. Vor 20 Jahren kaufte Hildwein der Bahn das Gebäude ab, sanierte es und installierte das erste private Telefon- und Fernmeldemuseum in Deutschland.

Zupass kam ihm, dass er als gelernter Nachrichtengerätemechaniker vom Fach ist. So hat er Teile der alten Relaistechnik der ehemaligen Hauptpost Karlsruhe dort installiert. Überall blinkt, klackt und klingelt es. »Ich hatte schon immer ein Faible für Technik«, sagt Hildwein.

Eine Person, die etwas in die Vergessenheit geraten ist, schätzt er besonders: Philipp Reis nämlich – der Physiklehrer aus dem hessischen Gelnhausen hat vor etwas mehr 150 Jahren das erste funktionsfähige Telefon der Welt konstruiert. Mittels einer Stricknadel, einer Geige und der Blase eines Hasen bastelte er es am 26. Oktober 1861 auf kuriose Weise. Die Meriten sammelten wie so oft in der Geschichte jedoch andere ein. 1876, zwei Jahre nach dem Tod von Reis, meldete Alexander Graham Bell in den USA das Telefon zum Patent an. Fortan wurde sein Name mit der Erfindung in Verbindung gebracht, der Name von Reis verblasste. »Wenn man so will, ist Philipp Reis ein tragischer Held. Aber so ist das nun mal. Die einen tüfteln und schaffen Bahnbrechendes, die anderen werden berühmt«, meint Hildwein, der als wandelndes Lexikon der Telefongeschichte durchgehen könnte.

LAGE: Telefonmuseum Bahnhofstraße 1, 75196 Remchingen, www.michas-telefonmuseum.de

ÖFFNUNGSZEITEN: April bis Oktober jeden ersten Sonntag im Monat 14.30–17.00 Uhr, in den Schulferien nur auf Anfrage

HALTESTELLE: Wilferdingen-Singen

PFALZ

AUFSTAND FÜR FREIHEIT

Bauernkriegshaus in Nußdorf

Das Bauernkriegshaus im Landauer Ortsteil Nußdorf ist einen Besuch wert: Es stellt dar, wie der Pfälzer Bauernkrieg in der Gegend verlief, von der Erhebung des sogenannten »Nußdorfer Haufens« (23. April 1525) bis zur entscheidenden Schlacht in Pfeddesheim (24. Juni 1525), in der rund 8000 aufständische Bauern den Tod fanden. Der pfälzische Kurfürst Ludwig V. schlug den Aufstand blutig nieder. Das Nußdorfer Bauernkriegshaus selbst wurde um 1500 vom Gerichtsschöffen Hans Hol erbaut.

Der erste Raum erläutert die Situation der Bauern im Mittelalter, die Härten und Entbehrungen, die sie im täglichen Leben erdulden mussten. Dies führte schon in der Mitte des 15. Jahrhunderts zu den Protestbewegungen mit dem Symbol des Bundschuhs. Ausführlich ist die Bundschuh-Bewegung am Oberrhein erläutert. 1502 organisierte Joß Fritz aus Untergrombach bei Bruchsal die Proteste der Bauern, deren Fahnen einen rindsledernen Schnürstiefel zeigten.

Im zweiten Raum erhalten die Besucher einen Überblick über den »Nußdorfer Haufen«. An einem Kirchweihsonntag beschlossen die Bauern in Nußdorf, ihr Schicksal selbst in die Hand zu nehmen. Sie erhoben sich gegen die Fürsten und geistlichen Herren mit äußerster Vehemenz. Die zentralen Forderungen der Aufständischen waren die Minderung der Zehnt-Steuer, die Abschaffung der Leibeigenschaft, freie Jagd in den Wäldern sowie Mäßigung der Frondienste. Von Nußdorf zogen die rebellischen Bauern plündernd zum Kloster Eußerthal im Pfälzerwald. Gezeigt werden Modelle der zerstörten Burgen und Klöster.

Im dritten Raum wird die Niederlage der Bauernschaft in Pfeddesheim mit 1200 Zinnfiguren nachgestellt. Der Pfälzer Bauernkrieg müsste eigentlich Pfälzisch-Elsässischer Bauernkrieg heißen. Denn auch das nördliche Elsass beteiligte sich an den Erhebungen mit Brandschatzungen unter anderem in Wissembourg. Gnade hatten die unterlegenen Bauern von den Fürsten nicht zu erwarten.

LAGE: Bauernkriegshaus, Kirchstraße 66, 76829 Landau-Nußdorf, www.bauernkriegshaus-nussdorf.de

ÖFFNUNGSZEITEN: Anfang Mai bis Mitte Oktober samstags und sonntags 14.00–16.00 Uhr

HALTESTELLE: Nußdorf

Pinotin

PFALZ

RESISTENTE REBSORTEN

Bio-Weingut Rummel in Nußdorf

Seit vielen Generationen baut die Familie von Klaus Rummel in Landau-Nußdorf Wein an. Der 55-jährige Winzer gilt als Pionier in Sachen Öko-Weinbau und musste viele Hindernisse überwinden, um seine Idee vom Biowein zu realisieren. Das Kämpfen hat sich jedoch gelohnt. Der Vinum und die naturnahe Arbeitsweise des Südpfälzers sind längst hochdekoriert. Er erhielt den Umweltpreis der Stadt Landau für seine ökologische Anbauweise. Vom Bundesministerium wurde er gar zum innovativsten Biobauern der Republik gekürt.

Regelmäßig kommen Winzer aus der ganzen Welt nach Nußdorf, um sich mit dem Konzept des Öko-Visionärs vertraut zu machen. »Es geht einfach um das Arbeiten in Einklang mit der Natur. Wir alle wollen gute Produkte herstellen, und dafür muss man ganzheitlich und nachhaltig arbeiten«, betont Rummel. Sein Rat ist mittlerweile in höchsten Gremien gefragt, so im Agrarausschuss des Mainzer Landtags und im Landwirtschaftsministerium. Als Referent zum Habitat-Management ist er an Hochschulen in Rheinland-Pfalz tätig. Dabei ist der Landauer ein hervorragender Netzwerker. Ob im Bioweinverband »Ecovin«, beim Biosphärenreservat Pfälzerwald oder im Netzwerk »Blühende Landschaften« – der Familienvater und passionierte Winzer betätigt sich auf vielen Feldern, um ökologischen Pflanzenanbau hoffähig zu machen.

Sein Thema: Weg von Pestiziden und Herbiziden und hin zu pilzwiderstandsfähigen Rebsorten. Als Rummel vor vielen Jahren mit dem ökologischen Weinbau begann und neue Rebsorten anpflanzte, wurde er kritisch beäugt von den heimischen Winzern, die traditionell ihre Stöcke mit Pflanzenschutzmitteln bestäubten. Mittlerweile habe jedoch längst ein Umdenken stattgefunden, sagt er. Seine Weine aus pilzresistenten Sorten wie Cabertin oder Pinotin werden mittlerweile auf höchster Ebene empfohlen und gewinnen regelmäßig Preise. Auch Traubenkernöl, Brände, Balsamico und Weingelee stellt der umtriebige Biobauer aus der Ernte auf seinen 14 Hektar her.

LAGE: Bio-Weingut Rummel, Geißelgasse 36, 76829 Landau-Nußdorf, www.rummel-biowein.de

ÖFFNUNGSZEITEN: freitags und samstags 9.30–17.00 Uhr

HALTESTELLE: Nußdorf

PFALZ

LEGENDÄRER RITTER

Burg Berwartstein

Es ist eine Raubritterburg wie aus dem Märchenbuch – die Burg Berwartstein oberhalb von Erlenbach bei Dahn. In der 1152 errichteten Pfälzer Burg hat sich Geschichte abgespielt, die ganz Europa und sogar den Papst in Atem hielt. Hier herrschte einst der Marschall der kurpfälzischen Streitkräfte Hans Trapp. Der war im nahen Elsass so gefürchtet, dass man den Kindern dort seither sagte: Wenn ihr nicht brav seid, dann holt euch der Hans Trapp. »Seine Person ging in die Legende um den Nikolaus ein. Bei uns wird der Nikolaus vom Knecht Ruprecht begleitet, im Elsass ist sein Begleiter der Hans Trapp, der die frechen Kinder bestraft«, erläutert Guide Stephan beim Rundgang durch die Felsenburg. »Wir haben oft elsässische Gäste. Wenn die Kinder den Namen hören, wissen sie sofort Bescheid. Manche bekommen regelrecht Angst.«

Der Burgführer ist sichtlich stolz auf die geschichtliche Bedeutung der Region: »Speyer, Worms, Mainz – das waren im Mittelalter Weltstädte. Die Burg Berwartstein galt als uneinnehmbar.« Grund für den Schrecken, den der Burgherr Trapp im 15. Jahrhundert im Elsass verbreitete, war eine Fehde mit dem Kloster Wissembourg. Mit den dortigen Benediktinern lag er wegen Besitzstreitigkeiten überkreuz. Der Zwist eskalierte, der Ritter ließ den Bach Wieslauter aufstauen. Das Resultat: Wissembourg und das Kloster litten unter Wassermangel. Kurz darauf »schenkte« ihnen Trapp auf einmal sehr viel Wasser. »Er brach den Damm und überflutete kurzerhand die Stadt. Die Elsässer hassten ihn dafür«, so der Guide über die perfide Tat.

Der Papst stellte den Ritter unter Kirchenbann, und Kaiser Maximilian I. verhängte über ihn die Reichsacht. Trapp, der einem alten sächsischen Adelsgeschlecht entstammte, starb 1503 eines natürlichen Todes. Sein Wappen zeigt einen Raben, der einen (gestohlenen) silbernen Ring im Schnabel trägt. Die Burg Berwartstein ist heute als einzige in der Gegend bewohnt und mit Führung zu besichtigen. Es gibt auch ein Restaurant mit Außenbereich.

LAGE: Burg Berwartstein, 76981 Erlenbach bei Dahn, www.burgberwartstein.de

ÖFFNUNGSZEITEN: März bis Oktober täglich

HALTESTELLE: Erlenbach bei Dahn

PFALZ

AUSSICHT RUNDUM

Burgruine Drachenfels

Der Pfälzerwald ist ein Burgenland. Zu den beeindruckenden Ruinen einer vergangenen Epoche zählt die Burg Drachenfels bei Busenberg. Nachdem man die Drachenfelshütte (mit Gastronomie) unterhalb passiert hat, geht es eine kurze Strecke von sechs, sieben Minuten steil bergauf. Kühn geschwungene Außentreppen führen durch den Felsen und die Außenwand der Ruine auf die obere Plattform – nichts für Leute mit Höhenangst. Aber schon auf der unteren Plattform hat man eine wunderbare Aussicht auf den Wasgau. Es gibt zwei weitere Plattformen, die mit Metallleitern und Brücken verbunden sind.

Die Burg (1200 erbaut) war einst eine Grenzburg der Abtei Klingenmünster. Da reges Raubrittertum herrschte, wurde die Feste von Truppen der Stadt Straßburg teilweise zerstört. Im 14. Jahrhundert stellte die Adelsfamilie Eckbrecht von Dürkheim die Burg wieder her. Der Fürstenbund des Erzbischofs von Trier, des pfälzischen Kurfürsten und des Landgrafen von Hessen zerstörte mit seinen Truppen die Burg schließlich 1523 in der Fehde mit dem Reichsritter Franz von Sickingen. Ein Wiederaufbau wurde strengstens untersagt.

Der Drachenfels besteht aus einem längeren Ost- und einem kleineren Westfelsen. Ein Torturm und zum Teil originale Mauerzüge sind erhalten, ebenso in den Felsen geschlagene Kammern. Der Name der Burg geht einer Legende zufolge auf das Bild eines Drachen zurück, der in eine der rötlichen Sandsteinwände eingraviert ist. In der Drachenfelshütte mit Biergarten unterhalb der Ruine lässt es sich hervorragend einkehren. Hier wird pfälzische Kost zu günstigen Hüttenpreisen angeboten. Und rund einen Kilometer von der Burg entfernt (unweit des Wanderparkplatzes) gibt es die Gaststätte Weißensteiner Hof für diejenigen, die in etwas gediegenerem Ambiente speisen möchten.

Beim Rundumblick von der Ruine kann man wunderbar die Seele baumeln lassen. Im Herbst lockt der Pfälzerwald speziell mit Farbtönen von Gelb über Ocker bis Tiefrot zu Wanderungen. Ein Hauch von »Indian Summer« liegt dann über dem Dahner Felsenland.

LAGE: Burgruine Drachenfels, 76891 Busenberg, www.busenberg.de/drachenfels.html

HALTESTELLE: Busenberg

PFALZ

SCHOKOKUSS AM MORGEN

Eugen Trauth & Söhne in Herxheim

Bereits morgens, wenn das Geschäft gerade geöffnet hat, kommen sie in Scharen und decken sich mit Mohrenköpfen ein, und zwar kartonweise. Die Schokoküsse aus dem Hause Trauth in Herxheim bei Landau erfreuen sich großer Beliebtheit. Bereits in dritter Generation ist Marie-Luise Trauth Chefin der deutschlandweit ältesten Mohrenkopffabrik in Familienhand.

Seit mehr als 100 Jahren werden hier Köstlichkeiten hergestellt. »Süßwarenfabrik 1911« prangt auf der Außenfassade des Gebäudes an der Hauptstraße des beschaulichen Ortes. Mehrere Millionen der Schaumbälle gehen pro Jahr über den Ladentisch.

Die Gründe meint Trauth gut zu kennen: »Es erinnert an Momente der Kindheit. Außerdem bieten wir eine Qualität, die es sonst nur selten gibt.« Im Gegensatz zu industriell hergestellten Mohrenköpfen haben die Schaumküsse aus der Pfalz ein sehr kurzfristiges Mindesthaltbarkeitsdatum. »Die Frische ist bei uns das A und O. Wir nehmen nur beste Rohstoffe«, erläutert sie. Und natürlich kommt eine Rezeptur hinzu, die der Großvater, der Bäckermeister war, selbst kreiert hat. »Das Rezept ist natürlich geheim und entstammt einer alten Familientradition. Wir haben es bewahrt und im Laufe der Jahrzehnte verfeinert.«

Zu Beginn des vergangenen Jahrhunderts hatte der Firmengründer die Süßigkeiten noch für Schausteller auf Jahrmärkten in der Pfalz produziert, ehe man sich ausschließlich auf die Fabrik mit Ladengeschäft in Herxheim konzentrierte. Nur hier kann man nun die Schokoküsse aus der Traditionsmanufaktur erstehen. Zucker wird bei über 100 Grad erhitzt, Eiweiß mit Luft aufgeschlagen. Durch Druckluft bekommt es Volumen und wird mit dem kochend heißen Zuckersirup vermengt. Beeindruckend ist, zu beobachten, wie die weiße Masse ihr braunes Schokokleid erhält. Am besten verkauft sich der Klassiker, also Eiweißschaum im Schokoladenmantel. Kürzlich übernahm mit Daniel Trauth die vierte Generation den Familienbetrieb.

LAGE: Eugen Trauth & Söhne, Oberhohlstraße 21, 76863 Herxheim bei Landau, www.trauth-herxheim.de

ÖFFNUNGSZEITEN: montags bis freitags 9.00–12.30 und 13.30–18.00, samstags 9.00–12.00 Uhr

HALTESTELLE: Herxheim Bahnhof

PFALZ

ZU EHREN VON MARIA

Madenburg

Eine der größten und ältesten Burganlagen in der Südpfalz ist die Madenburg. Auf dem Rothenberg mit rund 460 Metern Meereshöhe thront sie über dem kleinen Weinort Eschbach. In der weitläufigen Anlage am Rand des Pfälzerwalds mit Resten prächtiger Bauten im Renaissancestil kann man den Turm besteigen. Man blickt von hier bis zum Odenwald, dem Schwarzwald und den Vogesen und vor allem in das unendliche Blau des Himmels.

Grundsätzlich gibt es von Eschbach aus zwei Möglichkeiten, die Burg zu erklimmen. Einmal vom Parkplatz beim Sportgelände aus, von dort steigt man etwa 3,5 Kilometer zur Madenburg hinauf. Vom Waldparkplatz rund zwei Kilometer hinter dem Ort spaziert man rund einen Kilometer direkt zur Burg. Ringmauer, Zwinger und Brunnenhaus aus rotem Sandstein sind erhalten.

Paul Buchwald, seit 30 Jahren Pächter der Burgschänke, ist mit der Historie der Burg bestens vertraut. »Die Madenburg war die Sommerresidenz der Speyerer Bischöfe. Sie entstand im 11. Jahrhundert und erlebte viele Brandschatzungen und Eroberungen«, im Bauernkrieg 1525 und ebenso wieder während des Dreißigjährigen Krieges und im Pfälzischen Erbfolgekrieg. »Die Burgruine wurde von den Anwohnern danach als Steinbruch genutzt. Der Name hat im Übrigen nichts mit Maden zu tun, sondern kommt von Maid und wurde der Burg zu Ehren der Jungfrau Maria gegeben«, fährt der »Burgherr« fort. Seit 1870 kümmert sich der Madenburgverein um das historische Gemäuer.

Die Burgschänke hat Pfälzer Leckereien zu bieten. Besonders an einem heißen Sommertag ist sie naturgemäß stark frequentiert. Viele Wanderer nehmen das kulinarische Angebot wahr. Regionales und Traditionelles wie Pfälzer Saumagen, Leberknödelsuppe oder Straßburger Wurstsalat bietet die Küche ebenso an wie leichte Bärlauchgerichte und natürlich kühle Getränke.

LAGE: Madenburg, 76831 Eschbach, www.madenburg-pfalz.de

ÖFFNUNGSZEITEN: Januar bis Oktober mittwochs bis sonntags 11.30–17.00 Uhr, im Sommer länger

HALTESTELLE: Eschbach

PFALZ

GLANZ EINER INDUSTRIE

Schuhmuseum Hauenstein

Die Südwestpfalz war schon in früher Zeit das Zentrum der deutschen Schuhindustrie. Das Schuhmuseum in Hauenstein lässt diese Geschichte nachvollziehen. 1892 existierten allein in Pirmasens rund 100 Schuhfabriken. Kurz vor Ausbruch des Ersten Weltkriegs gab es gar 250 Betriebe mit 14 000 Arbeitern. Fast die Hälfte der Schuhfabriken Deutschlands stand in Pirmasens und den umliegenden Dörfern. Auf Platz zwei der deutschlandweiten Produktion folgte der Nachbarort Hauenstein, der ein Industriedorf wurde.

Während der Wirtschaftswunderjahre gab es eine erneute Blütezeit. Damals in den 50ern und 60ern wurden vier Millionen Paar Schuhe pro Jahr gefertigt. Zehntausende Menschen aus der Region arbeiteten in der Schuhfabrikation.

Als die Strukturkrise kurz darauf die Industrie erfasste, waren die Folgen dramatisch. Die Billigkonkurrenz aus Asien machte vielen pfälzischen Fabriken den Garaus. Die oft ungelernten Arbeiter standen vor dem Nichts. Von dem Niedergang hat sich die Region bis heute nicht erholt. Zwar gibt es nach wie vor bedeutende Schuhherstellungsbetriebe im Wasgau, aber die Villen der Schuh-Barone zeugen von einer verblichenen Glanzzeit.

1996 wurde schließlich das Museum für Schuhproduktion und Industriegeschichte in Hauenstein eröffnet, um über die Branche und ihre wechselhafte Entwicklung zu informieren. Das Museum veranschaulicht die traditionsreiche Anfertigung von Fußbekleidung unter technischen, soziokulturellen und modischen Aspekten. In der einstigen Fabrik kann man allerlei Maschinen begutachten, die seinerzeit zum Einsatz kamen. Vieles lässt sich in dem liebevoll arrangierten Museum entdecken: die größten Schuhe der Welt ebenso wie eine handwerkliche Schuhmacherei von anno dazumal, die größte Schuhsammlung Europas, ausgefallene Schuhmode oder Kickstiefel aus den 20er-Jahren.

LAGE: Deutsches Schuhmuseum, Turnstraße 5, 76846 Hauenstein, www.museum-hauenstein.de

ÖFFNUNGSZEITEN: Dezember bis Februar montags bis freitags 13.00–16.00, samstags und sonntags 10.00–16.00 Uhr, März bis November täglich 9.30–17.00 Uhr

HALTESTELLE: Hauenstein

PFALZ

GROSSE VÖGEL TANZEN

Straußenfarm Mhou in Rülzheim

Sie sind anmutige Geschöpfe, zuweilen sehr neugierig – uns sie haben schöne große Augen. Bis zu 2,60 Meter werden sie groß, zuweilen tanzen sie sogar. Für Uschi Braun und Christoph Kistner war es Liebe auf den ersten Blick. »Der Strauß ist ein faszinierendes Tier. Absolut beeindruckend. Immer wachsam und mit einem ganz eigenen Charakter«, meinen die beiden unisono. Sie betreiben seit etlichen Jahren Straußenzucht im pfälzischen Rülzheim. Hier im Landkreis Germersheim haben sich die beiden ehemaligen Journalisten ein eigenes Reich geschaffen.

Afrika wirkt dort gar nicht mehr so fern – und das fernab von Touristen-Schnickschnack oder Klischeebildern. Mehr als 100 Strauße haben auf einem 15 Hektar großen Areal ihren Platz. Hinzu kommt ein Aufzuchthaus mit mehr als 1000 Küken. Palmen und Olivenhain, ein eigenes Restaurant mit Straußenfleisch-Spezialitäten und ein liebevoll eingerichteter Laden mit Waren rund um den Strauß – vom Wedel über riesige Eier, Straußenfleisch und Ledertaschen bis zu Straußeneiernudeln – ergänzen das Angebot. Auf der weitläufigen Anlage kann man problemlos einen Tag verbringen. Zahlreiche Busunternehmen steuern dieses »Klein-Afrika« mittlerweile an. Eines liegt Kistner ganz besonders am Herzen: eine artgerechte Haltung. Deshalb hat er 2003 den Berufsverband Deutsche Straußenzucht gegründet. Dort fungiert der 69-Jährige als Vorsitzender und gibt sein Wissen als Sachverständiger für Straußenhaltung weiter.

Seine Rülzheimer Straußenfarm »Mhou« (Bantu-Dialekt für Strauß), die europaweit als größter Zuchtbetrieb gilt, verfügt über einen Sachkundenachweis für die Haltung der großen Vögel. Sie beliefert etliche Gastronomen der Region. Was das Besondere am Straußenfleisch ist? »Es zeichnet sich dadurch aus, dass es kaum Fett enthält. Es schmeckt zudem wesentlich feiner als Rind«, erklärt Uschi Braun. Der Zuchtbetrieb kann auch als einziger weltweit einen Stammbaum auf DNA-Basis für seine Tiere vorweisen, den das Pärchen erstellt hat.

LAGE: Straußenfarm »Mhou«, Am See, 76761 Rülzheim, www.mhoufarm.de

ÖFFNUNGSZEITEN: täglich 10.00–18.00 Uhr, Restaurant im Winter nur wochenends

HALTESTELLE: Rülzheim

PFALZ

WALDTIERE NÄHERN SICH

Wild- und Wanderpark Silz

Es ist eine »tierische Begegnung« der besonderen Art. Im Wild- und Wanderpark Silz kann man 400 Tiere aus 15 europäischen Arten ganz aus der Nähe betrachten. Ob Wolf, Polarfuchs, Wisent oder Wildschwein – große und kleine Besucher werden da schnell mit den Tieren vertraut. Erstaunlich ist, wie nah Dam- und Rotwild an einen heranpirscht. Bis auf wenige Meter lassen sie die Besucher an sich heran. Fast könnte man die anmutigen Tiere mit den großen Rehaugen, die im Park völlig frei herumlaufen, streicheln.

Beliebt bei den Gästen des ganzjährig geöffneten Parks im Pfälzerwald bei Bad Bergzabern sind vor allem Füchse und Wölfe, weiß Leiterin Marianne Geppert. »Aber die Kinder strahlen natürlich auch, wenn das Damwild nahe herankommt. Es ist einfach ein schönes Erlebnis, bei dem auch der naturpädagogische Aspekt sehr wichtig ist«, fügt sie hinzu. So gibt es hier auch eine Wildparkschule als Angebot für Schulen, Jugendgruppen und Kitas. Der rund 100 Hektar große Wild- und Wanderpark bietet sich als lebendiger Lernort buchstäblich an. Neben Tieren lassen sich auch Pflanzen vorzüglich erkunden. Der Park ist zu jeder Jahreszeit eine Attraktion für Groß und Klein. Man kann dort eine kurze Runde von 45 bis 60 Minuten oder eine lange Runde von 90 bis 120 Minuten drehen.

Langweilig wird es keine Sekunde. Denn überall beobachten Tiere Besucher neugierig zwischen Büschen, Bäumen oder direkt auf dem Waldweg. Mächtig röhrt der Rothirsch durch das Gehege, während der Uhu lieber ein Nickerchen macht. Es gibt das Mufflon, das einzige Wildschaf Europas, mit einem beträchtlichen Kopfschmuck, ebenso wie drollige Minipferde. »Schwarzwälder Fuchs« heißen die Kaltblüter, die einst in der Holzindustrie eingesetzt wurden. Mit etwas Glück sind auch Frettchen oder Steinmarder zu erblicken, wenn sie frech aus ihrem Bau lugen. Wildschweine bekommt man in jedem Fall zu Gesicht. Bachen und Frischlinge sind in der Regel putzmunter. Heimlicher Star ist der Polarfuchs in dem Park, der pro Jahr von rund 90 000 Menschen besucht wird.

LAGE: Wild- und Wanderpark Silz, Hauptstraße, 76857 Silz, www.wildpark-silz.de

ÖFFNUNGSZEITEN: täglich ab 10.00 Uhr, im Sommer ab 9.00 Uhr

HALTESTELLE: Silz Wildpark

SCHWARZWALD

RUINE AM WILDEN BACH

Allerheiligen mit Wasserfällen

Einen wunderschönen Spaziergang entlang der Allerheiligen-Wasserfälle kann man im malerischen Lierbachtal unternehmen. Zwischen Ottenhöfen und Oppenau befinden sich die größten naturbelassenen Wasserfälle des Nordschwarzwalds – und das gerade mal 50 Autominuten von Karlsruhe entfernt. Start und Endpunkt des hin und retour 2,5 Kilometer langen Wegs entlang des schlingernden Bachs, der fulminant in die Tiefe stürzt, ist die Klosterruine Allerheiligen.

Von der frühgotischen Anlage sind noch Reste der Sakristei und des Kreuzgangs erhalten. Gegründet wurde die Prämonstratenserpropstei Ende des 12. Jahrhunderts. 1804 schlug ein Blitz in der Turmspitze ein. Der folgende Brand zerstörte das Gebäude – das aber noch heute einen imposanten Anblick bietet. Hinter der Ruine durchquert man einen Barockgarten und kommt am Museum vorbei, das Einblicke in die Historie des Klosters gibt.

Danach folgt man dem wildromantischen Lauf des Wassers, überquert geschwungene Brücken und nimmt lange, in den Fels gehauene Treppen in die Tiefe. Hier ist ein wenig Trittsicherheit gefragt, speziell wenn es zuvor geregnet hat. Entlang des Grindenbachs sind Steine aufgestellt, die von Sagen künden. Wie der vom Bruder Pauli, der es mit seinem Mönchsgelübde nicht allzu genau nahm. Aus Kruzifixen goss er Kugeln für die Wilderei. Die göttliche Strafe folgte auf dem Fuß. Er wurde nach seinem Ableben dazu verurteilt, als Geist umzugehen.

Das Naturschauspiel, das sich mit der spritzenden Gischt des rund 70 Meter fallenden Wassers bietet, öffnet das Herz. Gerade im Sommer sorgt die Tour für Erfrischung. Für die Strecke, die 1840 angelegt wurde, sollte man insgesamt rund eine Stunde einplanen, Fotostopps inklusive.

Am Endpunkt der Fälle, die auch Büttensteiner Wasserfälle genannt werden, gibt es einen schönen Rastplatz im felsigen Halbrund. Wer noch Muße hat, nimmt den kurzen Forstweg nach oben zum Ehrenmal des Schwarzwaldvereins. Einkehren lässt sich im Klosterhof, der regionale Küche anbietet.

LAGE: Kloster Allerheiligen, Allerheiligen 3, 77728 Oppenau

HALTESTELLE: Allerheiligen (Mai bis Oktober wochenends)

SCHWARZWALD

HISTORISCHE VEHIKEL

Fahrzeugmuseum Marxzell

Wer das Fahrzeugmuseum in Marxzell-Pfaffenrot im Albtal betritt, geht auf eine Art Zeitreise. Von der Vielfalt von Autos, Motorrädern, Fahrrädern, Kutschen und Nutzfahrzeugen aus früheren Zeiten der Mobilität werden die Besucher in den Hallen des ehemaligen Sägewerks fast überwältigt. Die Betreiberfamilie Reichert hat auf rund 4000 Quadratmetern eine Museumslandschaft geschaffen, in der man mühelos einen Tag lang die Gegenwart vergessen kann.

»Eine Abteilung ist Carl Benz gewidmet. Wir präsentieren vor allem Mercedes-Modelle von den 1930er- bis zu den 1970er-Jahren«, sagt Museumsbetreiber Hubert Reichert. Pfaffenrot ist die Urheimat der Familie Benz. Woanders sind alte Feuerwehrautos und Spritzenwagen zu sehen. Da fallen ein verchromtes Werksfeuerlöschfahrzeug von 1917 und darüber ein riesiger Feuerwehrhubschrauber auf. »Hier stehen rund 20 Fahrzeuge von Wehren ab 1840«, erläutert Reichert. Ob ein Rolls Royce 1936, welcher der Legende nach dem britischen Königshaus gehörte, ein Adler Sport Triumph oder ein Ford Modell T (Tin Lizzy) aus dem Jahre 1904 – das Auge entdeckt immer wieder andere ausgestellte Klassiker.

Zu jedem Objekt hat Reichert, der praktischerweise Kraftfahrzeugmechaniker gelernt hat, eine Anekdote parat. Wer hätte gedacht, dass die Firma Opel zu Beginn des 20. Jahrhunderts der weltweit größte Hersteller von Fahrrädern war? In Marxzell gibt es etliche der alten Modelle zu sehen. Eine komplette Schmiede-Abteilung und eine Sammlung historischer Traktoren gehörten ebenfalls zum Inventar. Das Museum, das auf sympathische Weise ein wenig chaotisch wirkt, bietet viele Überraschungen und erstaunliche Details. Um die nostalgische Reise perfekt zu machen, zeigt das integrierte Kino Stummfilmklassiker mit Charlie Chaplin oder W. C. Fields. Das Sammelsurium, in dem Mopeds und andere Vehikel auch zuhauf an der Decke hängen, haben bereits Menschen aus der ganzen Welt besucht – ob aus Frankreich, Japan oder den USA. Speziell die einst in Karlsruhe stationierten US-Soldaten brachten oft ihre Angehörigen in das außergewöhnliche Museum mit.

LAGE: Fahrzeug-Museum, Neuenbürger Straße 1, 76359 Marxzell, www.fahrzeugmuseum-marxzell.de

ÖFFNUNGSZEITEN: täglich 14–17 Uhr

HALTESTELLE: Marxzell

Dauerbrand-Ofen System „Furcht"
Vorführung jederzeit unverbindlich
FUKO-Kraftfuttererzeugnisse
Beratung und Verkauf hier
Schwarzwälder Bote
SEIT 1835
Anzeigenannahme · Zeitungsbestellung
PRESSE
Presse
NSU

SCHWARZWALD

WELT DER KORALLEN

Gasometer Pforzheim

Längst haben sich die Projekte im Gasometer zu einem Publikumsmagneten über Pforzheim hinaus entwickelt. In dem 35 Meter hohen Industriedenkmal im Enzauenpark finden seit Ende 2014 Mega-Panorama-Schauen statt. Begonnen hat es mit »Rom 312«. Die Hauptstadt des Römischen Reichs war mit ihren historischen Gebäuden in vielen Details zu betrachten. 630 000 Besucher bestaunten das Panorama bis Sommer 2018. Abgelöst wurde es durch »Great Barrier Reef«, das die Wunderwelt des australischen Korallenriffs in ihrer fragilen Schönheit präsentiert.

Man muss sich die 360-Grad-Panorama-Projekte wie leuchtende Fototapeten in einem riesigen sonst dunklen Raum vorstellen. Hinzu kommt eine passende atmosphärische Musik.

Die Besucher können an dem Panorama entlanggehen und immer neue Details entdecken. Inmitten des Raums steht ein 15 Meter hohes Treppengerüst. Auf dessen verschiedenen Ebenen kann man sitzen und sich der Stimmung hingeben. Es ist eine nahezu kosmische Erfahrung, wenn man in die Welt unter Wasser eintaucht. Monumental ist sie in all ihren Facetten inszeniert – auf 35 Metern Höhe und 110 Metern Länge. Illuminationen verändern immer wieder Lichtbrechung und Perspektive von Grün bis Azurblau.

Dazu informiert eine Ausstellung über das Korallenriff und das »Making of« des gigantischen Projekts. Sowohl »Rom 312« als auch »Great Barrier Reef« stammen vom Künstler Yadegar Asisi. Der Architektur-Professor hat bei Tauchexkursionen unentdeckte Winkel des Riffs fotografiert und zu einem Gesamtkunstwerk entwickelt. Außerdem hat er weitere Panoramabilder geschaffen, unter anderem »Everest« mit spektakulären Einblicken in die Welt des Hochgebirges und »Rainforest« mit Aufnahmen des Amazonas. Im Gasometer, dem Industriedenkmal von 1912 in der Goldstadt, kommen die Visualisierungen bestens zur Geltung. Bis Ende 2019 läuft die Show über die submarine Welt vor der Nordostküste Australiens. Dann wird sie durch ein neues Projekt ersetzt.

LAGE: Gasometer, Hohwiesenweg 6, 75175 Pforzheim, www.gasometer-pforzheim.de

ÖFFNUNGSZEITEN: täglich 10–18 Uhr

HALTESTELLE: Enzauenpark

SCHWARZWALD

BAROCKE TÜRME IM TAL

Klosterruine Frauenalb

Bei Gerhard Stöckle ist zweifellos sehr viel Herzblut im Spiel, wenn er über die Klosterruine Frauenalb im Albtal spricht. Seit über 40 Jahren kümmert sich der pensionierte Architekt um das ehemalige Freiadelsstift für Töchter aus adeligen Familien. Er kennt jeden Stein und hat zudem die Schlüsselgewalt über die imposante Ruine des Klosters, das Ende des 12. Jahrhunderts gegründet wurde. »Ich bin stolz darauf, mich hier ehrenamtlich betätigen zu dürfen. Es ist ein beeindruckendes Gebäude mit einer sehr wechselhaften Geschichte«, erklärt der 76-Jährige.

In der Tat, die Bauten des Klosters Frauenalb hatten im Lauf der Zeit viele Funktionen: Als Abtei für Benediktinerinnen, als Militärlazarett und als Fabrikgebäude diente die Klosteranlage, ehe sie 1858 völlig ausbrannte. Die Ruine, wie wir sie heute kennen, wurde ab 1980 für rund zwei Millionen Euro saniert. Klassische Musikveranstaltungen haben immer wieder ihren Platz in der imposanten Anlage, deren barocke Türme 35 Meter hoch aufragen. Dann und wann werden Besucher in den Untergrund der Klosterruine geführt – und sind jedes Mal fasziniert, wie Stöckle weiß. »Es ist das Mystische und Archaische, das die Menschen anzieht. So ein dunkles Gewölbe atmet Geschichte«, erklärt der Träger des Bundesverdienstkreuzes. Gründer des Klosters ist der Sage nach ein Graf Berthold von Eberstein. Er soll von einer gespenstischen Erscheinung erfahren haben, die ein ihm bekannter anderer Adeliger bei der Jagd gesehen hatte. Der tiefgläubige Berthold, so heißt es, entschloss sich daraufhin, ein Kloster im Albtal bauen zu lassen.

Als »Guide« hat Stöckle schon mehrere Generationen durch das Gebäude geführt. Anekdoten über Frauenalb hat der Mann aus Marxzell-Pfaffenrot reichlich zu erzählen. »Leider hat sich ja der Brandfluch der letzten Äbtissin über das Gebäude am Ende bewahrheitet«, berichtet Stöckle aus der Historie. Eine Zeit lang wurde der Gewölbekeller – die Äbtissin hätte sich wohl im Grabe umgedreht – gar als Müllhalde zweckentfremdet. Die Klosterruine bietet sich als Ziel eines Spaziergangs im idyllischen Albtal an, wobei gegenüber der Landgasthof »König von Preußen« zur Einkehr lockt.

LAGE: Klosterruine Frauenalb, Klosterstraße 13, 76359 Marxzell, www.albtal-tourismus.de

HALTESTELLE: Frauenalb

SCHWARZWALD

SCHAMOTTE MIT STIL

Manufaktur für Ofenkacheln Eisenack

Axel Eisenack ist ein Meister seines Fachs. Der Baden-Badener ist Kachelofenbauer – und zwar nicht irgendeiner. Der 54-Jährige restauriert historische Ofenkeramik und ist auf diesem Gebiet eine Koryphäe. Weltweit ist sein Fachwissen gefragt, ganz besonders in Frankreich. Wenn es um Stilkacheln aus der Zeit vor 1880 geht, ist seine kleine Manufaktur die erste Adresse. So hat er im Schloss Versailles einen Kachelofen wieder originalgetreu hergerichtet. Dieser beheizte das höchst private Badezimmer von König Ludwig XV. Die von Eisenack restaurierten Öfen finden sich in Villen an den Champs-Élysées in Paris ebenso wie im Palais Rohan am Münster in Strasbourg oder in Landhäusern an der Ostküste der USA.

»Es ist mir wichtig, die Geschichte der Ofenkeramik fortzuführen. Das ist eine Tradition, der wir uns verpflichtet fühlen«, sagt Eisenack, der eine Ausbildung als Ofensetzer mit Meisterbrief hat. Stolz ist er auch auf die Tradition seiner Manufaktur. Der Betrieb ging aus der Kachelofenfabrik Löw von 1867 am selben Ort hervor. Seine Spezialität sind Nachbildungen von Barock-, Rokoko-, Biedermeier- und Jugendstilöfen oder klassischen süddeutschen Kachelöfen. Arbeiten des Badeners stehen im Schwarzwälder Museumsdorf »Vogtsbauernhof« bei Hausach und in den Sternerestaurants »Bareiss« und »Traube« in Baiersbronn.

Elementar für seine Arbeiten ist die Verwendung des Werkstoffs Schamotte. »Die Masse unserer Kacheln besteht zu einem Gutteil aus Schamotte. Das ist ein Naturprodukt, das eine optimale Speicherkapazität besitzt. Die Keramikmasse ist zu 100 Prozent aus natürlichen Rohstoffen, kein Vergleich zu industriell hergestellten Kacheln«, so der Kunsthandwerker. Die Kacheln werden aus Ton und Schamotte in 23 Stunden bei 1070 Grad gebrannt. Bei der Glasur achten die Keramiker auf optische Tiefenwirkung und Lichtbrechung. Auffällig, wie kunstvoll die Bilder auf den Öfen gestaltet sind. Ob Wappen, Porträts oder aufwendige Jugendstil-Verzierungen – die Kachelöfen sind Kunstwerke. »Auch für die Bauern war dies ein Statussymbol. Die kleinen Leute haben darauf ihre Lebensgeschichte dargestellt«, erläutert der Kachelofenexperte.

LAGE: Axel Eisenack, Manufaktur für Ofenkacheln, Güterbahnhofstraße 9, 76532 Baden-Baden, www.kachelmanufaktur.de

SCHWARZWALD

SCHINKEN MIT BALANCE

Metzgerei Glasstetter in Völkersbach

Die Begeisterung für sein Metier wurde Bernd Glasstetter in die Wiege gelegt. Und der Stolz auf sein Handwerk obendrein. Der 59-Jährige ist bereits in dritter Generation Metzgermeister. Und nicht irgendeiner. Der Mann aus Völkersbach bei Ettlingen zählt zu den besten Metzgern des Landes. 17 Sterneköche bundesweit vertrauen auf seine Qualität und sein Können. Selbst im Berliner Kaufhaus des Westens, das bekanntlich kulinarische Genüsse auf höchstem Niveau feilbietet, werden Fleisch und Wurst aus der Metzgerei Glasstetter angeboten.

Bereits vor dem Zweiten Weltkrieg belieferte der Großvater das Ettlinger Nobelrestaurant »Erbprinz«. Insgesamt acht Meister sind inzwischen in dem Betrieb angestellt, der einerseits Landmetzgerei ist, aber andererseits seine Produkte in die ganze Welt verschickt. Nicht selten nehmen Kunden Wege von 50 Kilometern auf sich, um die unscheinbare Metzgerei im Malscher Höhenortsteil Völkersbach aufzusuchen. Von hier über dem Moosalbtal aus werden Schwarzwälder Schinken, Sülze, Dry-aged-Ochsenfleisch oder Camberti-Schinken auch nach Italien, Dänemark oder Frankreich verschickt.

Dazu steht Glasstetter: »Man muss vor allem der Natur ihre Zeit lassen und Fleisch einfach Fleisch sein lassen.« Rund zwölf Wochen benötigt der Schwarzwälder Schinken für den Reifevorgang. Schinken und Salami sieht der Fleischermeister als Königsdisziplin. Stolz ist er auf seinen Camberti-Schinken. Außen hat der eine Edelschimmelrinde und riecht nach Käse, innen ist er feinster Schinken. Für die Kalträucherung benutzt Glasstätter Tannen- und Buchensägemehl. Die Schweine stammen aus dem nahen Kraichgau. Sie seien fetter und älter als ihre Artgenossen – was für den Geschmack essenziell sei. Die Würzung besteht unter anderem aus Koriander, Wacholder, Pfeffer, Meersalz oder Lorbeer. Entscheidend: »Die Kunst liegt in der Balance von Würze und Reife«, doziert der erfahrene Metzgermeister.

LAGE: Metzgerei Glasstetter, Brunnenstraße 2, 76316 Malsch-Völkersbach, www.metzgerei-glasstetter.de

ÖFFNUNGSZEITEN: montags, dienstags, donnerstags, freitags 7.00–13.00, 15.00–18.30 Uhr, mittwochs und samstags 7.00–13.00 Uhr

HALTESTELLE: Völkersbach Brunnen

BRYNJE

SCHWARZWALD

ERBE VON BERTHA BENZ

Motorkutschentouren

Ulrike Gärtner ist hohe Aufmerksamkeit gewohnt, wenn sie mit ihrer Dieselmotorkutsche im viktorianischen Stil in Mittelbaden unterwegs ist. Für die Frau aus Baden-Baden gehört dies quasi zum Alltag. Dann wiederholen sich immer wieder dieselben Szenen: »Die Menschen grüßen, jubeln, winken, die Daumen gehen hoch. Fotohandys werden gezückt. Der Zuspruch ist durchweg positiv«, weiß sie aus langjähriger Erfahrung und fügt hinzu: »Es gilt hier das Prinzip Entschleunigung. Es ist ein ganz anderes Fahren, als man es sonst kennt. Völlig entspannt fährt man durch die Landschaft. Man erlebt mit allen Sinnen, was sonst an einem einfach so vorbeirauscht.«

Bei ihrem Oldtimer handelt es sich um eine Neuanfertigung, auch wenn man das auf den ersten Blick kaum glauben mag. Die Motorkutsche ist kein Nachbau, sondern eine komplette Neukonstruktion. Gebaut wurde das Gefährt von der Aagland-Manufaktur in der Fränkischen Schweiz in einer Serie von gerade mal 16 Stück. »Die Idee bei der Konstruktion war es, den Menschen das Gefühl zu geben, in einer Kutsche unterwegs zu sein, ohne auf Pferde angewiesen zu sein. Deshalb wurde diese viktorianische Pferdekutsche gebaut – ohne Pferdegespann, aber mit Motor«, erklärt Ulrike Gärtner. Und manchmal ist sie auch stilgerecht wie in der damaligen Zeit gekleidet, als das Automobil gerade aufkam und noch Pferdekutschen die Szenerie dominierten. Die Motorkutsche hat im Übrigen kein Lenkrad, sondern Lenkstangen. Moderne Technik mit Servolenkung, Scheibenbremsen und Automatikgetriebe erleichtern das Fahren, während die Reifen noch ganz klassisch aus Vollgummi sind.

Und da kommt manchem Betrachter sofort Bertha Benz in den Sinn – die Frau des legendären Erfinders des Automobils. Denn Bertha Benz demonstrierte als Pionierin mit der ersten Auto-Fernfahrt 1888 von Mannheim nach Pforzheim die Tauglichkeit der Erfindung. »Das war eine tolle Frau. Sie ist ein Vorbild mit ihrem couragierten Voranschreiten«, betont Gärtner, die mit ihrem Aaglander Schlösser-Touren in Rastatt und Fahrten im Murgtal, im Rebland oder im mondänen Baden-Baden anbietet.

LAGE: Ulrike Gärtner,
Racineweg 7, 76532 Baden-Baden,
www.aaglander-baden-baden.de

SCHWARZWALD

KNISTERNDE EMPFÄNGER

Radiomuseum Waldbronn

Während vom Band Jazz und Schlager aus den 50er-Jahren im Original-Knisterton erschallen, wartet im Radiomuseum in Waldbronn eine Vielzahl von Geräten aus der Anfangszeit der Radiophonie – darunter manche Skurrilität – darauf, entdeckt zu werden. »Dies ist der berühmte Katzenkopf von Telefunken aus dem Jahr 1932. Hat genau 245 Reichsmark gekostet. Das war damals sehr viel Geld«, erklärt Eduard Hofmann vom Museumsteam. Und in der Tat, die Front des holzfurnierten Geräts hat etwas Katzenartiges. Oder dieses Radio: »Das hat die Firma Akkord in ihrem Werk in der Pfalz hergestellt. Ein Kofferradio aus Krokodilleder. Sieht aus wie eine Handtasche und wurde sogar auf der Lederwarenmesse in Offenbach präsentiert«, doziert Hofmann, und man glaubt kaum seinen Augen zu trauen.

In die düstere Zeit der Rundfunkgeschichte weist der im Volksmund als »Goebbelsschnauze« titulierte Volksempfänger. Die Nazipropaganda konnte damit 1934 bereits fünf Millionen Rundfunkteilnehmer erreichen. Manch unbestreitbare Innovation reiht sich im Museum ein neben so manchem Design-Verbrechen aus der Steinzeit der Radiowellen. Dabei wird deutlich: Gerade in den 1950er-Jahren dominierten schwere Holzverkleidungen aus Nussbaum oder Eiche. »Es war damals so, dass die Radiogeräte wie Möbel waren. Die Geräte sollten sich dem Stil des Wohnzimmers anpassen und nicht auffallen«, weiß der pensionierte Ingenieur Hofmann.

Neuen Schwung brachte die Kofferradio-Welle Ende der 50er-Jahre. Es ging nach draußen und oft auch mal nach Italien. Die Geräte bekamen plötzlich Farbe und hatten Namen wie »Capri«, »Wega« oder »Bajazzo«. »Das hier«, sagt Hofmann und streichelt fast zärtlich über das Gerät, »ist ein Grundig Boy. Wer den damals hatte, war der Gewinner. Um den haben sich die Mädchen geschart. Wenn er noch einen Motorroller hatte, war er quasi unschlagbar.« Im ersten Halbjahr 2019 wurde die Sammlung verkleinert, sodass im Erdgeschoss die Jugendbibliothek von Waldbronn ein neues Domizil finden konnte.

LAGE: Radiomuseum Waldbronn-Reichenbach, Stuttgarter Straße 25, www.albtal-tourismus.de/Albtal.Orte/Waldbronn/Radiomuseum

HALTESTELLE: Reichenbach Kulturtreff

TELE
FUN
KEN

Die Kultur und die Geschichte Karlsruhes mit diesen Büchern entdecken und erfahren …

Steph Burlefinger

Karlsruhe wimmelt

Suchspaß für die ganze Familie

Überall in Karlsruhe wimmelt und wuselt es – auf dem belebten Marktplatz mit seinen Marktständen und im Schlossgarten mit dem Kult-Bähnle. Zusammen mit den Rheinpiraten Zwuggl, Latsche und Käpt'n Käppsele, mit Karl Drais auf seinem Laufrad, dem Stadtgründer Karl Wilhelm und Dorle und Kitty geht es zu den schönsten Plätzen der Fächerstadt: zum Rheinhafen, auf den Turmberg, zum Rheinstrandbad, in den Zoo und in die Südstadt – Steph Burlefinger hat auf acht Doppelseiten unzählig viele Details liebevoll gezeichnet. Kinder, Eltern und Großeltern können sie mit viel Spaß entdecken und dabei so manche Besonderheit aus Karlsruhe wiederfinden.

16 Seiten, Pappbilderbuch.
ISBN: 978-3-8425-2101-8

IMPRESSUM

Sollte dieses Werk Links auf Webseiten Dritter enthalten, so machen wir uns die Inhalte nicht zu eigen und übernehmen für die Inhalte keine Haftung.

1. Auflage 2019

Umschlaggestaltung: Anette Wenzel, Tübingen.
Layout und Satz: Silke Schüler, München.
Lektorat: Matthias Kunstmann, Karlsruhe

Printed in Europe: Florjancic Tisk

ISBN 978-3-8425-2144-5

Bildnachweis: Alle Fotografien stammen von dem Autor Volker Knopf, bis auf: S. 12/13: Shutterstock(©Joaquin Ossorio Castillo); S. 181: ©Sweet & Lucky; S. 214: ©Ulrike Gärtner.
Der Verlag dankt allen Bildgeberinnen und Bildgebern.

Ihre Meinung ist wichtig für unsere Verlagsarbeit.
Senden Sie uns Ihre Kritik und Anregungen an **meinung@silberburg.de**

Besuchen Sie uns im Internet und entdecken Sie die Vielfalt unseres Verlagsprogramms: **www.silberburg.de**